台語片第一女主角——小艷秋回憶錄

作者 何思瑩

口述 小艷秋

策劃主編 林文淇

推薦序一

「台上風光，台下茫茫」戰後台灣電影發展縮影

——序小艷秋回憶錄

王君琦（國家電影及視聽文化中心執行長）

若以當代天后的定義來理解，小艷秋絕對是台語片初創時期的天后第一人。跟當時代許多女性的油麻菜籽命一樣，命運帶她進入了歌仔戲班、接觸新劇，再從台語片、香港廈語片、到國語政宣片。她的從影生涯可以說是台灣戰後電影發展史的縮影，對她個人而言，是一次又一次大開眼界的新奇嘗試，對台灣電影來說，何嘗不是？這本傳記，一方面以第一人稱自述小艷秋一路走來的星路歷程；另一方面，她的陳述更像是名旁觀的「圈內人」，以第三人身視角為讀者見證，我們還來不及參與的風華年代。彷彿介於「觀點鏡頭」與攝影機鏡頭之間的轉換，既是這本書最引人入勝之處，也是明星論述之所以值得深入了解的原因——小艷秋的回憶揭示

了當時電影製作及發行的物質條件，例如歌仔戲與戲劇、電影在人才與媒介上的匯流，台語片製作公司受香港公司委託、台語片西進香港的利潤誘因，戒嚴時期出國的種種限制，台語片由公營片廠製作，戰後「滿映」成為促成台日電影圈合作的橋梁，彼時文化位階較高的國語片尚須借重台語片的人氣等等。儘管學術論述已多有提及，但小艷秋的經歷體現了結構性因素對參與其中的個體所帶動或造成的結果。同時，也因為明星匯集了最大量、最高強度的認同，透過明星所參與的製作，可以瞥見當時具有主導性的文化傾向與符碼。如在本書中提及的新劇時期反串的普及盛行及電影舞台化的流行；台語片以場景為主、故事為副的產製邏輯，以悲情或離奇勝過圓滿溫馨的敘事調性；當然，還有最尖端的時尚潮流。

明星是電影工業當中的關鍵齒輪，與演員的不同之處，在於其附加價值。古典好萊塢片場時期的明星，靠的是從頭到腳、由內而外的包裝。從長相、打扮、談吐、選角、演技、再到鎂光燈下「被分享」的私生活，無一不是片場一手精心打造的「形象」。合約中除了薪酬之外，亦不乏針對服裝儀容與感情生活的道德規範，這些都是為了確保做為商品化的個人，能夠為觀眾帶來愉悅；而觀眾要為享受愉悅付出成本，這個成本即是利潤。這個操作機制，往往得透過明星自願解甲才能為人所知。台語片時期的明星形成與運作方式，不同於古典好萊塢片場，最明顯的差別該算是台語片明星與粉絲之間的親近，一如小艷秋的戲迷即朋友。然而，台上風光、台下茫茫的光景，所差無幾。在小艷秋對自己生平的描述裡，原本不被疼愛、生性害羞內向的，成了風情萬種人人追捧的對象，看似飛上枝頭當鳳凰所交換的，是在台語片訴諸短波快打的高轉速生產模式下，無止盡的壓榨和耗損。這等包括婚姻不幸在內，明星個人私生活的缺憾，往往是公眾好奇窺伺的題材。一方面是因為明星銀幕公眾形象拉出了只可遠觀的神祕距離，二方面則是當高高在上的明星被發現原來平凡一如你我時，有些許補償心態性質。小艷秋種種的傷心往事已過了將近半個世紀，如今無論是當事人或是讀者，都能帶著距離，雲淡風輕地看待。試想若這些情節發生於當代，恐怕會在各大媒體平台點閱率排行榜居高不下，那些投射在明星身上的情感與期待，反映出的正是大眾欲望的內涵與樣貌。

透過寫手進行事後的補遺，讓娓娓道來的記憶有了精準的歷史參照，足以做為電影發展史的一個篇章。除此之外，本書還收錄了梁碧茹就小艷秋在台語片及香港廈語片報紙廣告的形象比較所做的分析，兼論由小艷秋主演、目前尚存的廈語片作品《愛的誘惑》，示範了電影以外的論述，對於明星論述分析的重要性。可惜在保存不力、原始素材散佚等歷史因素下，電影文本反而是那塊遺落的拼圖。雖然希望不大，仍期待有那麼一天，我們可以邊讀著小艷秋的回憶點滴，邊欣賞讓她站上人生巔峰的精湛演出。

推薦序二

桃花生美啊咿嘟愛風流

黃秀如（台語片小組成員之一）

雙囍的主編祿存跟我說，他要出版小艷秋的口述歷史，希望我幫忙寫序。我趕緊傳訊息給以前一起研究台語片的隊友：「妳有印象當時為什麼把小艷秋分配給我嗎？」我的隊友當中有兩個電影科班出身、兩個演小劇場、一個搞視覺藝術、還有一個專門蒐集影劇新聞的資料狂。當時的做法是先把想要採訪的前輩列出清單，再按照每個人的志願進行分配。「妳應該是慕名就選了她啊。」「不是因為我比較晚加入，又沒有影劇常識嗎？」我一面打訊息，一面想起三十年前在電影資料館囫圇吞棗地看了一個月《影劇周報》的畫面，那時恨不得把所有片名和人名給吃下去，只希望勉強可以跟得上隊友的程度。

當年的歷史早就不復可考，但我還記得第一次見到小艷秋的印象。採訪前，我假定會目睹一位不可一世的巨星，也很擔心自己的台語不輪轉無法好好地問問題。結果完全出乎意料。小艷秋的穿著打扮簡直就像日本老牌時尚雜誌《裝苑》走出來的模特兒，與其說她像李麗華或白光那樣豔光四射，不如說她像寶塚的娘役那樣明媚動人。訪談夾雜著國語、台語和日語進行。她的國語帶點微微的台語腔，發現我們有聽不懂的台語或日語，隨即為我們解釋那是什麼意思，完全沒有為難我們這些連母語都聽不懂也講不好的年輕人。她以明快開朗的態度描述自己的演藝人生，彷彿是在講一齣即將由她上場的劇目。我覺得，任何人，即使沒有看過一齣她主演的電影，只要見到她本人、聽到她說戲，都會跟我一樣，自動成為小艷秋迷。

沒想到那也已經是三十年前的事了。在這段漫長的期間內，由於電影資料館（後來轉型為國影中心）的努力，沉寂許久的台語片逐漸為世人所注意，很多被棄置的台語片陸續出土，很多資深影人陸續做了口述訪談，很多劇本、本事、報導、研究文獻陸續得到收藏，台語片以及台語片時期的重要性因此在台灣史上占有了一席之地。遺憾的是，在小艷秋輝煌而短暫的從影生涯中，她所主演的台語片一部也沒有保存下來，目前能夠看到的只有她唯一的一部國語片《合歡山上》（1958）。正因為這樣，在她八十八歲這一年所出版的口述歷史，就成了一本讓讀者知道什麼叫做小艷秋魅力的寶貴紀錄。

我以為我早就知道小艷秋的人生了，可是等我讀完手中短短的六萬字之後，我才理解：以前看到的只是小艷秋的電影人生，這次看到的卻是一個害羞內向的女孩如何在時代轉變的過程中成為一名家喻戶曉的女優。其中的關鍵字是「時代轉變」。小艷秋出生於一九三三年，到一九五九年息影的二十六年期間，先是經歷了日本殖民的最後十二年，再來是大戰結束國共內戰的四年，然後是國民政府撤退來台開始面對本土文化挑戰的十年。其實本書並沒有講到一般人在提到戰後台灣史時必定會提到的「時刻」與「事件」，但是經過三十年來不斷回顧過去的訓練，我自然就把這些個人的故事放進台灣史的框架中一起閱讀了。

不好意思，只能寫到這裡。因為推薦別人看電影不能破梗，推薦別人買書也不能劇透，既然如此，就不再多說，請讀者務必翻開這本「集愛之大成，是恨之總匯」的小艷秋回憶錄。

推薦序三

重新回望「雙面小艷秋」

蘇致亨（《毋甘願的電影史》作者）

對於台灣影劇史不熟悉的讀者，常搞混戰後台灣影劇史的兩位「小艷秋」。一位是本書傳主，出生於一九三三年、本名簡秀綢、以新劇和台語片聞名的小艷秋；另一位出道得晚，是一九四九年出生於台南、本名吳玉燕、以歌仔戲聞名的小艷秋。曾經主演白克執導台語片《瘋女十八年》的小艷秋，自然是本書傳主簡秀綢，而非歌仔戲出身的吳玉燕。這一位歌仔戲小艷秋，父親是戲班琴師、母親也是聞名丑角「秀英」，耳濡目染下自幼便會唱戲。因為家境不算太好，從小就以「囡仔生」身分登台演出，不到二十歲就曾經榮獲「全省地方戲劇比賽」最佳女主角的銀盾獎座。本書傳主的小艷秋，也曾經榮獲台語片影展觀眾票選十大影星之首的銀星獎。兩位小艷秋在各自的表演領域都卓然有成。

不過，兩位小艷秋其實也都不是那麼適應舞台生活的人。歌仔戲小艷秋吳玉燕曾自言自己性格極為內向，頗不習慣奔波忙碌的巡演生活，但因心腸軟，最後才又被說動出來演戲。她在一九七〇年代曾經與楊麗花搭檔演出《紅樓夢》等多齣電視歌仔戲，聞名全台。那時的她，不過二十多歲。沒想到吳玉燕女士後來因身心狀況不佳，在一九九七年自殺身亡，得年不到五十歲。本書傳主小艷秋，則是在她二十六歲時候毅然告別影壇。在她受洗成為基督徒，即將邁入九十歲高齡的時刻，重新回顧一生，出版成各位所見的《台語片第一女主角——小艷秋回憶錄》。

閱讀《台語片第一女主角——小艷秋回憶錄》最讓我驚豔之處，是本書非常如實地呈現「台語影壇小艷秋」簡秀綢女士自己的「雙面小艷秋」。大家所熟悉的小艷秋，是與「男裝麗人」素梅枝搭檔的日月園劇團當家台柱，是以《瘋女十八年》等台語電影技驚四座的實力女伶，是以八萬三千多票榮獲十大影星之首的寶島影后，是芳名遠播香江的首席「台妹」，是能與江帆在香港合作廈語片的國際女星，是後輩演員眼中神氣得要死的「大學姐」，是在拍攝完國語片《合歡山上》和台語電影《羅小虎與玉嬌龍》後急流勇退，為愛息影，令人稱羨的女明星。如果光看報紙，我們還會以為她會決定演而優則製，計畫籌設一間屬於自己的「豔秋影片公司」。

本書將告訴你，是也不是。「人們期待著星星發光，但又是否想過，星星的光來自於燃燒自己。發光的代價，其實是對自身的消耗。」、「卸下妝容和光鮮亮麗的戲服之後，我們和一般的小老百姓沒有兩樣，都有身而為人會有的煩惱，牢騷和委屈也一樣不會少」。藉作者何思瑩的訪談和書寫，我們將讀到的小豔秋傳記，是簡秀綢，也類似於吳玉燕，是許多那個時代台灣女性身不由己的共同生命故事：從本間志江子、簡秀綢到小豔秋，她其實不特別喜歡她的名字，但你的名字不是你的名字，都是別人替她做的安排。她從沒想過要演戲，讀書時候最喜歡的科目其實是數學。她其實表演底子是學平劇出身，因而說得一口好國語。她的演員日常其實萬分疲憊，婚後生活並不美滿，也對自己的養女和戲班人生多有怨懟。唯一的「小確幸」，是與戲迷逛街玩耍，能把自己打扮得漂漂亮亮，「多一點點成為自己想要的模樣，多一點點過自己想過的人生」。這同樣是「小豔秋」，而且是小豔秋女士在重新享受到一個人的平穩和安靜，洗盡鉛華後回望的「俗女」日常。

前有陳亭聿寫白虹，如今又有這本何思瑩寫小艷秋，欣見在林文淇老師的策劃下，有越來越多女性影人的生命故事能被如此珍重地記錄出版。我特別珍惜在書中出現的所有小細節：因為阿嬤裹腳布的臭味因而決定分房睡、看不慣台上風度翩翩的小生素梅枝現實生活做二太太受盡委屈而罵她「笨豬」、兩位受氣包助理如何擦臉按摩搥背為她消解不安、在香港麗池夜總會當男舞伴學交際舞的時光，甚至應該到哪裡的委託行才能買到當年最流行的服裝和化妝品，要特別感謝作者何思瑩的慧眼獨具和溫柔同理，才能留下這樣珍貴如實的回憶。若從第一代「台語片小組」開始算起，影人口述歷史的紀錄已經來到第四個十年，期待未來能有更多影人願意分享，也有更多雙願意同理的耳朵，能夠帶領我們聽見那些大歷史下，雙面而複雜，卻也幽微而真實的生命故事。

策劃主編序

一段台灣電影歷史的再生——認識台語片第一女主角小艷秋

林文淇（國立中央大學文學院院長）

我的另一個台語片明星偶像阿姨，白虹，是這本小艷秋回憶錄的催生者。當我還在國家電影中心擔任執行長時，她就數度向我提到小艷秋，告訴我她的身體不好，因此不愛出門，如果我要做影星的傳記書，可以幫忙說服她。

在那之前，我只見過小艷秋一面，是二〇一三年在《阿嬤的夢中情人》特映會上。但是我對她所知甚少，我十分侷限的電影研究領域，還沒有涵蓋間諜片類型以外的台語片，遑論小艷秋率台灣女明星之先，在香港演出的廈語片。

二〇一八年，我和陳亭聿與林姵菁，決定出版白虹的回憶錄。經過深入的訪談與編輯，由陳亭聿執筆完成《妖姬、特務、梅花鹿：白虹的影海人生》（一人出版社），出版後得到眾多好評，也促使我們再接再勵，鎖定林沖與小艷秋兩位明星，向文化部申請出版回憶錄補助。

回想起來，當時是多麼憨膽啊！林沖是舞蹈、電影與歌唱三棲，演藝生涯跨越台灣、日本、香港及東南亞，一生兢兢業業，永遠活在表演的熱情裡，八十多歲還在演唱會的舞台上表演！作者吳思薇與王善卿需要爬梳大量的資料，於今年四月完成《我的鑽石人生：林沖回憶錄》，由中央大學出版社出版。

由何思瑩撰寫的《台語片第一女主角：小艷秋》，遇到的是完全相反的問題。小艷秋阿姨個性極其低調，她對於自己的演藝生涯成就，完全視為過眼雲煙。她十來歲踏上戲劇舞台，乃至於後來轉入電影成為全台片酬最高的大明星，對她而言，都是「工作」，盛名越高，工作越勞累。這個面對自己明星身分的態度，是我們規劃這本回憶錄時始料所未及的。

此外，她在新劇舞台上的演出，相關文字與圖像紀錄幾乎都付之闕如。她所主演的台語片，如轟動一時的《瘋女十八年》早已佚失。至今僅有一部國語片《合歡山上》，還能在國家影視聽中心看到。所幸，香港電影資料館保存了她主演的幾部廈語電影與劇照等相關資料，但是也無法在訪談過程中取得，提供小艷秋阿姨參考回憶。

因此這本回憶錄的完成，要特別感謝作者何思瑩的投入。在訪談的過程中與小艷秋阿姨建立了如家人般的關係，讓她願意回顧本來已想拋在腦後的一生。有不少小艷秋阿姨僅存印象的吉光片羽，還得多方查證，查找報章資料或是詢問相關人士後，再與小艷秋阿姨驗證。

這本回憶錄因為疫情，還有其它美好計畫總難免遭遇的微不足道小插曲，與原來預期的出版時間延後了一年多。這期間多虧林姵菁的統籌協調，還有陳亭聿與吳若綺的支援協力。梁碧茹提供的研究專文讓這本書增色不少，也一併致謝！

我也要特表感謝小艷秋阿姨。因為這本書的出版計畫，小艷秋從一個我不熟悉的名字，成為一起吃飯聊天，包著漂亮的頭巾，帶著親切的笑容，八十八歲還能下腰裂腿的台語片女神！這也是出版這本書之前，我所始料未及的人生收穫。

由於過去我們對於台灣電影保存的疏忽，在教育不足與史料缺乏的情況下，一本影星回憶錄的問世，幾乎就等同一段台灣電影歷史的再生。相信這本回憶錄的出版，將讓更多讀者和我一樣，在台語片時代結束的一甲子之後，開始認識小艷秋這位台語片的第一女主角！

不被迎接的生命

我走進房裡，這是我第一次看到我的生母，
她坐在床邊，黑色的頭髮梳起一個髻，看起
來很沒有精神，招手要我過去，
我都還沒有開口，她眼淚就掉下來了，抱著
我一直哭一直哭，
跟我說她也是不得已才把我送走的。

約七歲左右的小艷秋（中）和簡家大弟（右）及親戚小孩（左）合照。

我是一九三三年國曆八月十九日出生。

我的生父是桃園火車站副站長，他的名字是吳生。以前本來是員工，後來就慢慢地升到副站長。我的生母名叫陳淑，是桃園大戶人家的大小姐。他們當時二十出頭吧，有媒人作媒，把我父親的照片拿過來給我媽媽看，她看了照片覺得我父親長得好看，又在政府機關做事，就一口答應婚事。

想不到滿腔熱情一嫁過來就很失望。我生母是有讀書的，是大小姐，被陳家栽培的很好，長得也很漂亮，而我的生父雖然長得英俊，但個性卻很內向，不愛講話，臉上也沒有笑容，他有個外號叫做「啞巴生」。也不是說這樣不好，但就是沒有生活的情調，兩人相處時也沒有話聊。

吳家就是很普通的公務員家庭，靠生父在車站的薪水過活，不需要下田做事，也沒有什麼家事做。生父是獨生子，他的母親也和夫妻同住。聽說母子倆晚飯後都要喝點酒，每天就倒瓶米酒，兩個人靜靜的喝，也沒有多聊什麼。從前的人都是這樣靜靜的，不像現在的人那麼活潑。大概是遺傳他們喝酒的習慣吧，我的酒量非常好。

生母從來不會和他們一起喝，從前的婆媳之間都有一層隔膜，她們也是如此。我想我那祖母應該是一個很強勢的人，所以我生母過得並不快樂。祖母非常重男輕女，覺得生兒子最好。所以當媳婦娶進來第一胎生了女兒，她就很不高興了，而我是第二胎，聽說還在肚子裡時，祖母就警告生母說：「這胎如果再是女生，我一定要送人！」

我生母聽了就非常擔心，萬一生出來真的是女兒的話，那要送給誰呢？她一直拜託別人、四處打聽，問了好多人都沒有人要。最後，隔壁一位名叫朱娘的老太太告訴我生母，如果是女生她願意幫忙養，所以出世後的第三天，我就被送去了他們家。

這位朱娘老太太就是我養母的媽媽，養母叫林碧玉，是桃園客運的公車車掌，她嫁給我的養父簡石溪，桃園客運的公車司機，兩夫妻都在上班，結婚好幾年了都沒有生孩子。朱娘和兩夫妻住在一起，大概也是孤獨吧，剛好有這個緣分，把沒有人要的我收留了下來。

古怪的是，我的養父母在收養我之後，第二年馬上就生孩子了，一年一個，從前的人沒有避孕，就這樣一連生了五個。而我的生母也是，在我之後，連續生了七個，還都是男生。哈！我生母家的老祖母被男孩吵得頭痛，後悔當年要是沒有把這個小孫女送走就好了，一直到處拜託別人把小孫女帶回去給她看看。

那時候，我生父他們家已經搬到鶯歌，我記得曾經去鶯歌找過他們一次，是祖母拜託他們一個親戚帶我過去的。其實，那時候我非常心不甘情不願，因為覺得自己已經被那個「家」拋棄了，為什麼還要去見那些把我丟掉的人呢？

我記得很清楚，我的生父當時坐在門口，本來我正準備叫他一聲「阿爸」，可是他卻連看我一眼都沒有，態度非常冷漠。這聲「阿爸」也就卡在喉頭，怎樣也叫不出來了。反倒是祖母一把將我抱住，看我可憐兮兮的，頭髮那麼長、臉又黑黑的，趕快拿來毛巾給我擦臉，拿起剪刀為我剪頭髮，還給我吃了隻雞腿。她知道我要來，特別留了一隻油噴噴的雞腿給我。

我沒有哭，只睜著一雙大眼瞪著他們。我的大姊和弟弟們都坐在旁邊看書，沒有人願意抬頭看看我，或跟我說話。祖母在門廳幫我打理，弄好了以後，才指著房間跟我說：「妳媽媽在裡面。」

推開房門，我第一次見到了我的生母，她坐在床邊，黑色的頭髮梳起一個髻，看起來很沒精神。她招招手要我過去，我都還沒開口，她眼淚就掉下來了，抱著我一直哭一直哭，跟我說她是逼不得已才把我送走的。

在這之前，我對生母有很多埋怨。為什麼要把我丟掉？為什麼要把我送給別人？但相見之後，反而全都轉換成了同情。我看得出來她非常不快樂。她家世背景好，受過良好教育，個性溫和，不隨便與人爭執。婚後卻要面對強勢的婆婆，和不愛講話的木頭老公，連堅持把親生女兒留在身邊的勇氣都沒有，你說她的生活有多苦悶？我覺得，她是一個可憐的母親。

只是坐在她身旁時，我的外表卻始終冰冰冷冷的，一滴眼淚也沒有流。說起來，我似乎也遺傳了生父的性格吧？我們都是內向、沉靜，不善言語和交際的人。

桃園大廟旁的閣樓上

來到養父母家，我被取名「簡秀綢」，綢緞的綢，大家都叫我阿綢，但我一點也不喜歡這個名字，覺得很俗氣。養父母住在樓下，我和朱娘阿嬤住在樓上，生活起居主要都跟著阿嬤。

我們家在今天的桃園市中山路。在我出生的日本時代屬於舊街區，整排都是兩層樓的紅磚房，右邊的路尾是桃園的大廟「景福宮」，是桃園最熱鬧的地方，所有做生意的店家、攤販都集中在那三岔路地帶。

當時家裡一樓進去就是客廳，有個小櫥櫃上面放祖先牌位，他們也是非常簡單，早晚捻香，一炷香插神明桌，一炷香插門神。一樓還擺了一張飯桌，一樓另外有一個榻榻米房間，是養父母住的。旁邊的走廊通往後面的廚房，廚房旁邊還有小院子，有扇後門和廁所，整體大概十幾坪吧。

我和阿嬤住的二樓有兩個房間，都是榻榻米，一個房間是阿嬤的臥室，我睡在另一間，中間隔著一道紙做的拉門，晚上睡覺時才拉起來。樓上還有一個小陽台和一間廁所，那時候哪裡有馬桶？就只是有個白色磁磚可以蹲著，有自來水可以沖掉罷了。

房間裡放著木頭衣櫃，還有一個釘在牆上的櫥櫃，東西被子都放在裡面，上面的拉門就放棉被或衣服，冬天被子就鋪在榻榻米上面睡覺。如果是夏天的話，就不鋪被，直接睡在榻榻米上。我們那個時候很簡單，沒有什麼其他的。

我的朱娘阿嬤，以前也是好人家出身，她有裹小腳，所以走起路來搖搖晃晃、慢慢的，裹腳布一打開就會發出難聞的臭味，所以我們才會分房睡。阿嬤頭髮灰白灰白，往上梳成一個髮髻，整個人瘦瘦小小的，經常穿著白色衣服、黑色褲子。阿嬤非常疼我，其實家裡也只有她疼我，我們很親，因為阿嬤很少出門，所以我也都跟她待在房間裡。

從前我們都是煮稀飯吃，因為白米很少，每天都是吃地瓜，米有配給但都只有一點點。記得都是阿嬤做好飯我跟著她吃，更小的時候還會泡奶粉給我喝，講話認字也都是她教我的，就連我的衣服也是她做給我的。

我記得我常常躺在她的腳上，聽她唱歌，然後她會幫我掏耳朵。但是因為她沒有戴眼鏡，有一次就把我的耳鏡挖破了，一直流血，很痛，止血後也沒有去看醫生，所以我的左耳從那時候就聽不見了。我一點也不怪她，你想，小時候有人這樣幫你挖耳朵，是多麼享受的小孩啊！我們這樣的小養女沒有人打妳，還幫妳挖耳朵，我已經覺得很滿足了。

記得我說過我去他們家後，他們就年年生一個小孩，連生了五個，三男二女。所以比較懂事後我就要幫忙帶小孩，廚房的事情我是都不會弄，頂多吃飽飯為他們洗碗，像是個小幫手。老實說，我的養母心腸也滿好的，雖然沒有表現出愛我的樣子，但也從來沒有打過我，也不會說看我在那邊坐著就使喚我去做牛做馬。很多養女被打，或被賣到可怕的地方，比起來我覺得我算是很幸運的了。

不過，其實從前的人就是這樣，都不太會表達，除了三餐之外，基本上也不太會關心你。因為是養女，加上我是一個很內向的小孩，不太愛說話，所以一直有種格格不入的感覺，沒辦法和家裡的人打成一片。

其實我內心是很渴望愛的。我回到親生父母家，我的生父連看我一眼也沒有，我每想到這件事就很難過，我的養父雖然個性比較活潑，但平常也不太理我，都是養母和阿嬤跟我比較多互動。所以我記得很清楚，每到傍晚我都會一個人坐在外面，看著人家的父母牽著小孩的手經過，就會怨歎自己為什麼沒有爸爸媽媽？為什麼我生下來就不被愛？眼淚就這樣靜靜的流下來。

在我大概七歲還八歲的時候吧，有一天我和阿嬤要出門，當我們從二樓要往下走的時候，走在前面的阿嬤一個不小心，就滑了一跤從樓上滾下去了，我在後面伸手要抓她都來不及，老人家經不起摔，沒多久，阿嬤就過世了。

到現在回想起來還是很後悔、很自責。我們家的樓梯本來就很暗很高，阿嬤又綁著小腳，本來就有點危險……唉，現在我還對那個場景有印象，我就心裡很痛恨，氣我自己的腦筋怎麼會這麼笨，怎麼不走在她的前面呢？怎麼抓也沒抓住呢？阿嬤走了後，就剩下我一個人睡樓上，有時候也會害怕，但更多的時候是感到難過，因為最疼我的人已經不在了，只剩下我一個人了。

變動的時代混亂的教育

我是晚一年，八歲才去念小學。讀的是武陵國民學校，平常我們在家裡都是講台語，上學之後就開始學日文，我有個日文名字「本間志江子」。在學校裡我最喜歡數學課，數學都是考一百分，比方要算數，我不用拿起筆來算，我用心算就可以了。但是國語課、美術課，那些反倒都沒什麼興趣。

我記得讀書讀了兩三年，戰爭就越來越激烈，環境很差，食物都要配給，拿一張單子去換一小包在來米、買蕃薯。那時常常有空襲，常常停課。我記得天空會有很像打雷的聲音，「轟——」一聽到就要趕快跑去找防空洞，我們桃園市區裡也有防空洞，但是後來還是太危險，所以政府就動員我們「疏開」到鄉下。

我還記得很清楚，那時候我們提著大包小包，還要帶著一群小孩，全家人用步行的走去桃園的郊區，那時候的鄉下，用走的喔，走很遠很遠！路途中，突然一個炸彈就咻~的從我的耳朵旁邊飛過去，我到現在還記得那陣風、那個速度，我就趕快趴在地上，後來有好長一段路我都是用爬的，差一點點就被炸彈炸到了，真的非常危險。

其實我也不知道我們被疏開到鄉下哪裡，好像被安排住進當地人的家裡，四周都是農田，每隔一段距離就有防空洞。記得在市區時，我們家家都有自來水，鄉下就沒那麼便利了，需要去井邊打水。也沒有什麼東西吃，配給的米總要排隊排半天，吃飯就是把鹽拌飯這樣吃，或是拿鹽去炒大蒜，儘管如此也覺得好吃。日子雖然苦，那就是非常時期嘛，不然怎麼辦？

疏開時，學校就在大棚子下，我們小孩拿著凳子集中在一起上課讀書。戰爭結束、光復後，我們就回到市區了。疏開的時候人口流動大，疾病也開始流行。經營劇團的阿姨林桂、舅舅林水發也都回到桃園家裡，畢竟打仗時也沒有人在表演嘛，所以統統住到我們二樓。

結果，我舅媽得到了天狗熱，也就是瘧疾，一直發高燒，所以我就負責照顧她，給她弄水什麼的。結果沒想到她康復後，反而換成我接著生病，發燒到四十度以上，整個人迷迷糊糊，昏昏沉沉的。我記得很清楚，我躺在床上，看著天花板在轉，整張床都在搖，我就趕快抓著，已經燒到快失去意識了。起先他們餵我吃中藥，中藥吃了不行，就趕快再換西藥，西藥沒效又改吃中藥，就這樣吃藥吃到我整個頭髮都掉光光了。

現在想起來，那時候真的很危險很嚴重，一兩個月才康復。不過你看，雖然我是個養女，但他們也是以良心來照顧的，雖然沒有說很疼你，也沒有辦法吃什麼多營養的菜，但也找了醫生來，沒有說就不管我。所以說我現在也是很感謝天，給我這個沒有病痛的身體，除了一隻耳朵聽不到、記憶減退，其他的器官都好的不得了。

日本人戰敗，光復後換了政府，我們小孩子也沒有什麼想法，就過日子嘛。最大的差別就是，學校要換語言了。本來學日文，我們老老的日文老師回日本了，開始變成要學三字經，漢文。沒多久又改成ㄅㄆㄇㄈ。你看，我一個小學就要學三種語言，非常混亂。

我那個時候生病，病好了人家都開學了，進度跟不太上，而且我頭髮又掉光光，去學校都被大家笑，我就不敢去上學，到最後是很勉強才畢業的。接下來也沒有再升學，就留在家裡幫忙養母帶小孩，我養母一連生了五個小孩，負擔很重，我還要幫忙帶舅舅的小孩。

在家裡，我都是拿我弟弟他們的課本來自己看、自己學的。很多人會問我怎麼能認得中文字？我也不曉得，就只是這樣自己學來的。

約十六歲的小艷秋（左一）到日月園劇團探班，
結識楊阿花（左二）等綁戲囡仔。

簡秀綢再見，小艷秋登台

畢竟命運就是如此，
遇到了還能怎麼辦呢？
那既然要做，我就要好好做，做到最好。

小艷秋成為林桂養女，加入「日月園」大家庭。圖中坐者為小艷秋的舅媽，其左右兩邊的男孩為林桂之子。

時光飛逝，歲月匆匆。被我抱在懷裡哄睡，背在肩上牙牙學語的弟弟妹妹，一個個背上書包，上小學去了。而我，也從女孩長成了少女。原本以為自己會這樣平平淡淡度過一生，怎料到十七歲那年，我的生命出現了轉折——林桂阿姨決定讓我離家加入她經營的新劇團。

人中之鳳的日月園堂主——林桂阿姨

從小，我就知道家裡有這號大人物，是養母的二姊。說起這個林桂阿姨可有故事了，她是「日月園劇團」的堂主。

林家的父親早逝，四個孩子全靠朱娘阿嬤一人拉拔長大。因為家境清寒，大阿姨很早就嫁人，排行老二的林桂，不忍心看母親辛勞，小小年紀就有覺悟要將家計一肩撐起。因緣際會，桃園人林登波和大稻埕人簡元魁到桃園來創立戲班「永樂社」，專門招募在地的貧家女入班。林桂阿姨心想一雙弟妹都還年幼，特別是小弟，一定得栽培他繼續讀書，只要她能學有一技之長，就能賺錢供養家裡，於是決定加入戲班子。

永樂社特別禮聘上海老德勝班的馬長奎師傅教戲，戲班裡所有的成員都是女孩，我們台灣人管這樣的戲班叫「妓戲」、「女班」、「查某戲」，日本人則稱為「女優劇」。一九一五年的中秋節，永樂社先是在我們桃園的「大廟」（景福宮）搭建六角形戲台開檯演出，嶄露頭角之後，開始獲邀在全台各地巡迴。當時最有規模，專演「支那劇」的幾家戲院，像是基隆戲館、淡水戲館和台北新舞台等，永樂社都曾登台演出。而且頭一年就淨賺了兩萬元，更有劇評大力誇讚這些女優的表現，完全不輸遠渡而來的上海京班，可以說叫好又叫座。

我林桂姨的藝名叫做「清華桂」，最擅長演老生，統領一方天下的皇帝劉備便是她的招牌。其實光是外表，林桂阿姨就和其他家人截然不同。無論是我的朱娘阿嬤，或是養母林璧玉、舅舅林水發，都是清瘦秀氣，講起話來輕聲細語的人；林桂阿姨卻是矮小壯碩，嗓門宏亮，舉手投足都是大男人樣。再經過劇場的洗禮，三教九流、什麼大風大浪都見過，單單只是站著不必開口，自然有一股威風凜凜的氣勢。

成為演員，阿姨的生活就沒有自由可言了，全跟著戲班走。一年三百六十五天，她能回家的日子屈指可數，都是剛好劇團巡演到桃園的時候，才能偷閒回家探望老母親。記憶中，她為人相當親切、海派。每次回來，彷彿也把戲場子的熱鬧帶進門，全家老小都圍著她打轉，搶著分享她從各地帶回來的可口土產，聽她龍飛鳳舞地講述如何在舞台上讓上千觀眾為她臣服，替她鼓掌。

我個性十分內向，林桂姨回來，我除了禮貌地對她叫聲「阿姨」外，基本不與她親近。但我總感覺她那雙圓滾滾的眼睛，不知道為什麼，經常流轉到我身上，骨碌碌地對我上下打量，像在盤算著什麼一樣。我雖然心裡害怕，但又不甘示弱，面對她尖銳的眼神，我也不閃躲，一樣眼睛大大的瞪回去。

林桂姨不僅學戲有成，更有生意頭腦。永樂社後來拆夥，部分成員隨同簡元魁到台北，在建成街改組「鳳舞社」，之後又改名「天樂社」。林桂漸漸躍為一線，過不久，她帶著幾位姊妹出來，自己成立「日月園平劇團」，正式成為戲班堂主。

要知道，經營一個劇團可不是件容易的事，演員、樂隊，再加上正副管事、帳櫃仙仔、排戲仙仔、佈景、衣箱，人數少說也有四十好幾，然而林桂卻經營得有聲有色。當時，在眾多中國師傅的培育下，台灣本土京劇人才輩出，標榜男女合演的戲班相繼成立，純女班逐漸失去優勢，但日月園在全台各地依然票房長紅，也為林桂姨賺進大把鈔票。

不僅戲班四十多張嘴要吃飯，我們家八口、舅舅家五口，也都仰賴林桂姨供應。戰爭結束後，養父母雙雙離開桃園客運，在家附近開了間日本料理店「麗都」。沒有料到開張後生意慘澹，積欠的房租、生活開銷和雜支，都由林桂姨幫忙償還。阿嬤過世後，見多識廣的林桂姨自然成為林家的一家之主，說話極有分量，就連她那胡琴師丈夫都得敬她三分。

大家都愛看搬大戲

從日本時代開始，台灣老百姓的娛樂就是看戲。早期，主要是在廟前酬神、大家跟著熱鬧的外台戲。後來，隨著戲院一間又一間地冒出來，發展出內台戲，於是無論是歌仔戲、布袋戲、日本留學生引進的新劇，或是上海、福建、廣東等中國戲班渡台演出，各式各樣的劇種，每晚都在戲院裡輪番登場。

小時候，我也經常在晚餐後，牽著阿嬤的手，散步到大廟埕那的「桃園座」看戲。小小的身子坐在硬硬的木座上，視線全被黑壓壓的人群擋住，只能勉強從縫隙裡，窺見發著亮光的舞台上，有群穿著漂亮衣服的小人又舞又跳。說實在，劇情究竟在演什麼也搞不清楚，只記得每當觀眾掌聲響起，整間劇院就像地震一樣地劇烈晃動。

到了七七事變（一九三七年），日本政府推行皇民化運動，戲院開始改放宣揚日本精神的電影，台灣傳統的戲曲表演全被勒令禁止。就連那些在廟會表演的傳統戲班，這時候也通通喊卡。有些歌仔戲團為了生存，還得改穿和服，拿武士刀演出「改良戲」。

林桂姨變通快，順應時勢改演「新劇」——也就是內容從時事和電影改編，演員都穿時裝的現代話劇——帶著戲班存活了下來。當時，林桂姨的養女林美枝子是當家女主角，長得漂亮，演技也不錯，作家呂赫若在日記中還寫到她和日月園到台北新舞台演出。

林美枝子有個響叮噹的外號，「四千塊」。這聽來有些俗氣，但其實是相當尊榮的稱號，因為曾經有富貴人家想用四千塊錢娶她回家。當時的四千塊錢是多驚人的數字啊？現在都可以買兩棟房子了！可以知道，在那個時候，林美枝子是多少人心中的女神。

。。。

戰爭結束後，對戲班的限制總算解除，恢復昔日的熱鬧榮景，甚至全民瘋看戲的風氣比以往更旺。南北管戲曲、客家採茶戲、布袋戲、新劇全部都重回舞台，而外省人帶來的豫劇、評彈也很受歡迎。最瘋狂的應該是歌仔戲，當時除了戲院，在家也可以用收音機「聽」廣播歌仔戲。

於是，林桂帶著日月園重振旗鼓。他們每天演出日、夜兩場，每場三個小時，上半場演平劇，下半場演新劇，生意好得不得了。戰後有能力巡迴全台灣的戲班寥寥無幾，日月園就是其中之一。

阿娘的祕密武器——日月園劇團當家女主角接班人

當我長大到了十六、七歲，美枝子姊姊也二十好幾，來到了適婚年齡。有一天，一位熱情戲迷引介美枝子和她從日本學醫回來的小叔認識。這位小叔對美枝子一見鍾情，無論晴雨，每天都到戲院報到，甚至跟著戲班全台跑透透，只為一親芳澤。沒過多久，兩人談起戀愛，再不久美枝子決定結婚退隱。

結婚是喜事，但是對如日中天的日月園劇團來說，栽培多年的當家女主角要結婚離團了，算是天大的危機。然而林桂姨卻一副老神在在，絲毫不擔心的模樣。其實她早就未雨綢繆，默默在為這一天的到來作準備了，她心裡早已有了一張要接替美枝子的王牌。只是，誰也料想不到，她相中的這張王牌，竟然會是我這又土、又不會打扮，站在人前扭扭捏捏，從來沒有什麼夢想，整天待在家裡帶小孩的平凡小姑娘。

。。。

林桂姨找來我的養父母，告訴他們：「這些年來，我供應你們家那麼多錢，我知道你們也沒有能力還我。這樣吧，現在我的劇團缺女主角，就讓阿綢來當我的養女，我來栽培她！」

哇塞！聽到這個，我養父母可是高興都來不及了。畢竟我這養女等於是多出來的小孩，拿去抵償長期積欠的債務，是多麼穩賺不賠！於是，沒有經過我的同意，兩人就興沖沖地答應下來。趁著當時日月園在桃園戲院演出，養母每天都帶我去看表演，甚至好幾天特別起了個清早，讓我到後台參觀演員們練功，對於自己即將面臨的人生巨大改變，我還傻傻地一無所覺。

巡演的最後一晚，養母終於把我叫進房間，向我吐露他們所做的決定：要把我送給阿姨當養女，進日月園學戲。這消息猶如晴天霹靂，突如其來轟得我心裡又驚又痛。看著養母，我先是傻住，接著一陣酸楚從肚子裡湧上來，難過的說不出話。

為什麼？為什麼我的命運這麼悲慘？為什麼我要不斷被家裡拋棄？我每天照顧弟弟妹妹，從不給家裡添麻煩，為什麼就不要我了呢？再說，我這輩子從沒想過要演戲啊！

在我腦海裡浮現的，是日月園後台那些跟我一樣年紀的綁戲囡仔，在嚴厲的師傅底下拚命劈腿、翻筋斗，沒日沒夜地跟著戲班卡車四處遷徙。你說，那日子該有多苦？再說，戲場龍蛇雜處，我這樣一個害羞內向的女孩，又不喜歡說話，難道不會被人欺負嗎？

我放聲大哭，一把眼淚一把鼻涕求著養母：「我不要！我不要去那個地方！」養母沒想到我那麼排斥，心也軟了，但她也只是淚眼汪汪地對我說：「妳不去，我們哪來這麼多錢還人家？」此時，我才意識到，無論我願不願意，想或不想，這事早已沒有退路，都給人家安排好了。

那天晚上，我抱著養母一直哭一直哭，哭到天亮。

天天練功夫，文要唱，武要打

就這樣，帶著一卡皮箱，我跟著舅舅林水發搭上火車離家，離開桃園，開始了隨戲班四處巡演的新人生。儘管百般不願意，我仍成為了林桂阿姨的養女，於是也跟著改口，和劇團裡的綁戲囡仔們叫她「阿娘」。

其實，當時台灣很多戲班都有收養小孩的風氣。一種叫做「綁戲囡仔」，通常來自比較貧苦的家庭，他們家人會和劇團簽三到五年的契約，讓小孩進到劇團學演戲，劇團除了支付費用給家裡，每個月還會給小孩一點錢零花。另一種就是像我和林美枝子這樣的「養女」，家裡將女兒賣給劇團，由劇團供養她的生活吃住，教她演戲，直到出嫁。

能不能成為戲班養女，老實說全看天命，因為就算妳想進，人家還不一定會要呢！養女培育期長，對戲班來說是一筆不小的投資，為了「壓對寶」，戲班一定會特別挑選，不但外型要有吸引力，身段也得具備表演潛質，就是希望有朝一日能栽培成為明星，幫戲班招財。

相較於養女，綁戲囡仔的條件就沒有太多嚴格的要求。她們演的多是配角，能不能學成「出師」，比較看個人造化。像我們日月園裡和我年紀一樣大的楊阿花，她就是從綁戲囡仔做起，最後被阿娘收作養女，演到第二女主角。

雖然阿娘的目標，是栽培我成為美枝子的接班人，演的是新劇。但加入日月園後，阿娘首先卻是讓老師教我平劇，因為她認為，學平劇才能將演戲的基本功鍛鍊得紮實。她總說，「只要打好平劇的基礎，往後可以發展的路就寬了。」可不是嗎？那時候知名的內台戲演員，幾乎都有平劇底子。

平劇發展悠久，學問博大精深，在表演上可以分成文、武兩種，而在我們日月園，文、武分別有兩位上海老師教導，兩種都得學、都得會。所謂的「文」，就是唱功和念功。平劇有「生、旦、淨、丑」四大類的表演行當，依照性別、年齡、身分、地位、性格，各有各的發聲和演唱方法。平劇演員的唱功要順應行當變化，也要隨著曲調和節奏的高低起伏、情緒的高張或鬆弛來表演。

有聽過《玉堂春》裡的〈女起解〉嗎？

「蘇三離了洪桐縣，將身來在大街前。未曾開言我心內慘，過往的君子聽我言？哪一位去往南京轉？與我那三郎把信傳，言說蘇三把命斷，來生變犬馬我當報還。」

這是我最喜歡也最拿手的唱段了。故事說的是明朝女子蘇三被人誣陷殺夫，尋求舊情人救助的故事。舞台上我雙手被枷鎖扣牢，一邊唱出這像是高山流水，叮叮咚咚般的流水板，聽得觀眾是萬般不捨，柔腸寸斷。

而「念功」說來容易，不過就是將台詞念出來，但是這嘴上功夫可不是開口就行，必須依照不同角色、劇本內容，用上不同的方言腔調發音。如何念得有味道、有節奏、有韻律，念出不同的人物性格，念得每一個字都清清楚楚送進觀眾耳朵裡，那可真夠考驗的。

我們的文老師是一位女老師，具體怎麼訓練我現在已經不大有印象。只記得她教我用丹田發聲，才能既省力，又能讓聲音傳得又響又遠。所以我每天要做的基本功，就是面對牆壁，從最低音唱到最高音，這樣來回數十次暖嗓，再跟著樂隊的琴音板聲，練習把每一個音唱得精準。

無論唱詞或念白，全都是中國古詞。通常都是由老師先解釋意思，接著唱一遍、念一遍，我再跟著重複。我當時年輕，記憶力好得驚人。雖然文詞陌生，但這樣一來一往，不出幾次，全都背得穩當妥適。而我國語的聽說能力，也就在這樣的過程中鍛鍊起來，到現在和別人說話，我還是習慣用國語對話。

。。。

至於平劇的「武功」呢，指的就是動作的部分，分為「做」和「打」，舉手投足的細節除了要表現出行當的個性與情緒，更要能讓觀眾目瞪口呆、看得過癮。小到站姿、坐姿、臥姿、飲食，大到亮相、台步、圓場、山膀、雲手都有，耍刀舞劍更是不用說。我印象最深的還有馬鞭——那是一個聰明的小道具，因為演出的時候不可能有真馬嘛，所以只要甩著馬鞭，高揚低垂間也就等於行過山山水水了。

我們的武老師名字很特別，叫王老虎，如果沒記錯，應該是知名的上海京派演員王秋甫的兒子。王老師身形瘦高，比起我們一般的本省男性要白皙許多。他當時的年齡大概四十左右，通常都是演紅面關公，大刀大旗耍得虎虎生風。而戲如其人，王老師個性剛正，待我們也相當嚴厲。

每日早晨約莫五點，天色才濛濛亮，我們就得趕緊起床梳洗，隨著王老師的指令開始練功，手叉腰，一步一踢腿地列隊前進。那腿啊，可要往天際踢得直挺挺的，一點都不能馬虎；再來，為了練就一身柔軟身段，更必須將腿架得高高，緊貼在胸膛，雙手握緊腳趾，將腿筋拉開，直到可以迅速劈腿。

從小看著舞台上平劇演員的好身段，我都沒想過，我這個根本沒什麼運動的「宅女」，竟然全部都做得到。也許是我天生筋骨就軟，或是四肢發達？這比槍比武就和唱功念功一樣，完全難不倒我。我學得快，身手靈敏，唯一的罩門是「吊毛」，也就是平地翻筋斗。

王老師有個養子，專門飾演關公出場前，那匹英氣綽發的小馬，每每亮相都得連續翻上十幾個筋斗，從舞台左側翻到右側，搏得觀眾滿堂喝采。你別看他游刃有餘，吊毛這動作難度是非常高的，假使一個不小心摔到了，就有可能導致終身殘廢。不願冒險的我，非常堅持地跟王老師說「這個我不要學」，沒想到老師竟也順從我的意願，完全沒強迫我。

我在想，大概是因為我的身分是堂主養女吧？比起那些綁戲囡仔高了一等，老師對我相對客氣。而且就阿娘的規劃，學習平劇並不是為了要成為專業的平劇演員，主要還是以扎根、打基礎為目的，同時也讓他們判斷你這個新來的，有著什麼樣的長才，適合演什麼樣的角色而已。所以人家說戲班練功好比軍隊操練，體罰是家常便飯，但我卻很幸運地不曾被打過，甚至也沒有被罵過。

技術基底打穩了，下一關則是要面對「心魔」。作為演員，首先要突破的就是「怯場」這個大檻。對付怯場這個心魔，阿娘也有她簡單有效的快速解決之道，那就是「直接上場」！於是進戲班不到一個禮拜，阿娘就把我丟上台了。

最初，阿娘先讓我演話劇裡的小配角，就是遞遞茶水那種無關緊要的小角色。阿娘這樣教我：「一上台，眼睛就要將台下的觀眾掃過一遍，直視他們的眼睛。」她一直提醒我，不要害怕觀眾，而是要讓觀眾反過來欣賞妳。

阿娘還說，「預備好這樣的心態，平常就是努力的練習，積極的練功，為當上主角的那一天作足準備。」所以啊，儘管上台前，我心裡想了千百種可能出糗的情況，但戰戰兢兢地踏上台後，馬上就會發現，觀眾也一樣都是人啊，有什麼好怕的？這檻一旦跨過，沒有了心魔，就再也不會緊張了。

不過，說老實話，我是打從心底對演戲一點興趣也沒有，學戲的過程只覺得辛苦，從來就不曾感到有趣或好玩。但奇妙的是，演戲卻是我不必費什麼力氣，就能做得很好的事。也許，我是真的與生俱來，就有這方面的才能吧？

戲班的人都誇我很聰明，是天生吃這行飯的優等生，佩服阿娘看人的眼光，有了一個養女蓋天鳳，也是名聞四海的歌仔戲演員，接著又選中我這顆璞玉。不僅如此，阿娘先生是劇團的胡琴師，他倆也是結婚很久都沒有生小孩，都快四十歲幾乎已經不報期望，結果我一進到劇團當養女，不到一年阿娘就懷孕生下一個男寶寶，取名叫作楊信夫。大家都說我真的到哪都在「招弟」。

。。。

在戲班裡，起初我都是怨氣滿滿，天天以淚洗面，到後來才逐漸想開，畢竟命運就是如此，遇到了還能怎麼辦呢？那既然要做，我就要好好做，做到最好！

很快地，我就開始在上半場的平劇裡出演主角。無論是《貴妃醉酒》裡，那被唐明皇爽約、一個人喝悶酒喝得暈暈乎乎、拈花輕嗅的楊貴妃，或是《長坂坡》裡，連劈十幾次腿，在刀光劍影間英勇保護小阿斗的趙子龍，我都能駕馭，可以說是文武雙全。

當時，一位外省戲迷喜歡上我的表演，說是要和知名的京劇旦角程艷秋致敬，幫我取了「小艷秋」這個藝名。我其實沒有很喜歡，但覺得反正好念、好記，也就笑笑接受了。

從簡秀綢到小艷秋，我的人生似乎從來就由不得我選擇，連名字也是隨人安

小艷秋演出平劇《貴妃醉酒》的扮相。（平劇為京劇舊稱）

排。但我很快就學會不哭了。我用舞台妝扮當作面對人生的盾牌，把那個可憐的養女藏在各種角色裡。

簡秀綢命不由己，但我現在是日月園的當家花旦，是小艷秋！

燈亮聲起，登台！

飛上枝頭變鳳凰

我常常覺得自己是不被人愛的，我就在舞台上假裝自己被人深深疼愛；當我想到自己身世委屈想哭時，我就透過角色大聲哭出來……。

44年22号
於左營軍中之聲播報音樂演奏記念

一九五一年日月園分成兩團，新劇團由小艷秋（前排右二）之舅林水發經營，聘請鄭政雄導演（右一）帶領，劇團除了演員還有樂隊（後排男子們）及女主角助理（中排兩名女子）。

十八歲的小艷秋

隨著國民政府來台的軍隊，落地生根後陸續成立自己的平劇團。他們有政府資源的優勢，無論是演員或觀眾，都被吸引過去，台灣本土的平劇團難以和他們競爭，逐漸沒落；反倒是內台歌仔戲持續發燒，深受本省觀眾喜愛。有生意頭腦的阿娘，也決定轉型，她帶著一批團員另外成立「日月園歌仔戲團」，話劇團則交給他的弟弟，也就是我的舅舅林水發經營。

日月園劇團的黃金時代

舅舅取消了原先上半場的平劇演出，全面改演時裝話劇。一九五一這一年，剛滿十八歲的我，接下美枝子姊姊的棒子，成為當家女主角，與「男裝麗人」素梅枝湊成一對，在鬼才導演鄭政雄的帶領下，開啟了「日月園新劇團」的黃金時代。

當時全台灣大大小小的話劇團有二、三十個，像是文英、阿匹婆都待過的「黑貓歌舞團」，田清、小雪作男女主角的「鐘聲」，都是同時期中各有特色，都非常受歡迎的劇團。人家說，一個劇團成不成功，關鍵在有沒有好的劇本和演員。而這兩項，我可以非常驕傲的說，我們日月園在全台的話劇團裡，絕對是名列前茅。

日月園以文藝愛情、江湖恩怨為主的時裝通俗劇為特色。當時由我舅舅負責和全台戲院敲檔期，十天為一個單位，每天有日、夜各一場，每場約三小時。日場是下午兩點開場，夜場則是七點開場，收入依票房和戲院拆分，有時候傍晚五點還會加演一場。

在一家戲院停留十天之後，劇團就轉往下一家戲院，開始新的檔期。我們日月園挑選的都是大城市的戲院，鄉下的小戲院我們是不去的，平均半年可以將整個台灣繞上一圈。每一場的劇碼都不同，也就是說，每一檔期就得準備十到二十齣劇碼。這些節目全都由導演鄭政雄把關，因為他能導、能編，也就沒有另外再聘編劇了。

當時三十多歲的鄭政雄，在業界已經逐漸嶄露鋒芒。他身子不高，皮膚白淨，文質彬彬，帶點書生樣，走到哪都穿西裝打領帶，個性卻相當幽默風趣。我都喚他「MASAO（まさお）先生」，也就是「正雄老師」的意思。他的二太太也在我們日月園作演員，比他高了一個頭，後來他又娶了三太太。當時在戲班裡一夫多妾可以說是普遍現象，我們都見怪不怪。

鄭政雄被聘來日月園時，已經和大老婆金燕離婚了。金燕在另外一個劇團演戲，他們的兒子鄭義男（江浪）、女兒鄭小芬後來也都成為相當知名的演員。此外，鄭政雄身邊還帶著一位名叫黃俊的見習生。

見習生和綁戲囡仔不一樣，與劇團並沒有簽訂任何契約，和導演比較像是師徒的關係。他們沒有薪水，平時就是幫忙打雜跑腿，舉凡泡茶、搬運道具、拉幕帘等等雜事都得做。見習生自然十分辛苦，不過只要能吃苦、肯學習，跟在導演身旁，總不乏就近觀摩的機會。後來黃俊果然也熬出頭，演了好多部武打電影。

新劇本，新服裝，新妝髮，新歌曲

在舅舅剛接手的劇團轉型初期，我們演的都是前人留下、觀眾耳熟能詳的劇本。那些流傳鄉里的民俗故事，我們穿著簡單的古裝就能上台。但這樣的節目和其他劇團大同小異，難有突破。為了做出區隔，鄭政雄開始創作劇本，內容可能取自電影，或是將報紙上的社會案件改編，然後加油添醋。演員也換上精緻的時裝，搭配亮麗的妝髮，甚至會穿插流行歌曲的演唱。

都過這麼多年了，早就忘記當初究竟都演了些什麼，但我想劇情應該和現在的台語八點檔很像，不外乎男女情愛、家庭倫理，又或是江湖恩怨，那種曲折懸疑，衝突不斷的故事。不過，雖然社會上大家都說「善有善報，惡有惡報」，一齣戲裡也一定有善惡或忠奸對立的角色，但在日月園演出的劇碼，是絕對不會有這種符合社會期待的美好結局。我們的戲碼以悲劇居多，越是善良的角色，最後的下場越是可憐悽慘。他們命運多舛，好人沒好報，美人沒美命，讓觀眾留下同情的眼淚，帶著不捨的心情離開。

因為在我的經驗裡，劇情的悲情指數越高，票房就越好，那種「皆大歡喜」的結局，反而勾不起觀眾的情緒。有沒有邏輯不重要，一把狗血灑下去，讓人感歎「怎麼會這樣？」的離奇故事，才最受觀眾歡迎。

印象中，我們曾演過一齣很受歡迎的法庭劇，男主角是黑幫小弟，偶然與一位走投無路的女孩相識。在男主角的幫忙下，女孩不但還清家裡的債務，還上大學讀法律。女孩出國留學後，兩人也就斷了聯繫，只是男主角始終忘不了她。於是決定改過向善，不再「浪流連」。奈何在為老大鋌而走險的最後一次任務中，遭到警方圍捕，錯手打死了警察，也就鋃鐺入獄。最讓觀眾揪心的一場戲，是當他走進法庭準備接受審判時，擔任法官的，竟然就是那位他朝思暮想、深深喜愛的女孩。

為了吸引觀眾，我們後來都演長篇故事，一齣戲碼拆分成三到五天來演。當年還沒有電視，所以對觀眾來說，看我們演戲就像是來戲院看連續劇一樣，每一集最後還要吊你胃口，讓你像抽鴉片一樣上癮，急著想知道後面的情節發展。

日月園的戲迷以女性為主，日場中後段時間正巧是學校放學。很多戲院最後半小時是開放免費入場的，所以好多女學生也不管有沒有看到前面的劇情，一下課就背著書包衝進戲院報到。晚場的話，就比較多是太太帶著先生、小孩來看，散場前他們都會把手帕綁在把手，或是放件衣物占好明天的位子。從舞台上放眼望去，都是一片花花綠綠。

「舞台情侶」日月園雙台柱——素梅枝與小艷秋

我個性怕生慢熟，尤其和男性互動更是不自在，所幸，和我搭檔演出的是女生。

小艷秋和女扮男裝
的素梅枝外型登對，
深受戲迷喜愛，是
日月園新劇團最受
歡迎的舞台情侶。

我的搭檔素梅枝是出生在苗栗的客家人，本名羅鐘妹，從小就在京班作養女，有深厚的京劇底子，也有歌仔戲、新劇的演出經驗。當時無論是歌仔戲或新劇，女扮男裝的情形很普遍。光復後她加入日月園，以「素梅枝」作為藝名，成為我們的當家小生。

素梅枝身高一百七十多公分，油頭後梳、西裝筆挺的裝扮，深受許多女戲迷喜愛。我倆也成了大家眼中最登對迷人的「舞台情侶」。無論是天真無邪地勾手約會，情意綿綿地相互依偎，或是隨著華爾滋旋轉的浪漫共舞，都叫台下的戲迷們看得如痴如醉。

舞台上總是深情款款、風度翩翩的素梅枝，私底下卻像個傻大姊一樣，個性單純，對人對事都相當隨和，不愛計較。她年紀長我幾歲，有個可愛的兒子，但我卻沒有叫過她一聲「姊姊」，不是直呼她素梅枝，就是叫她「欸」，她一點也不介意，對我處處照顧包容，絲毫沒有明星架子。

生活中，她做人家的二太太，對先生總是死心塌地地付出，我常在一旁替她心疼，為她叫屈，她卻一副無所謂的樣子，從無怨言。但我就是看不慣，常常又氣又心疼地罵她「妳這個笨豬！」

。。。

正如阿娘說的，比起平劇要舞刀舞劍，下腰劈腿，演話劇可以說是容易多了。因為是現代時裝劇，角色的口條、表情和走位沒有那麼制式，一切力求寫實自然，不但可以自己揣摩，而且彈性很大。

我很感謝鄭政雄導演，他對我們所有演出的細節都相當要求，也提供我很多機會讓我放手去試。要知道，好的導演不能只會出一張嘴，鄭政雄本身就是位非常優秀的演員，最擅長演壞人。而我呢，則是經常扮演被他欺負打壓的弱女子。在他親自帶領指導下，我的演技進步得很快，眼淚可是說來就來，一點都不需要醞釀。常常有人問我，為什麼我演好人可以讓人滿心疼愛，演起壞人又讓人咬牙切齒？我都在心裡嘀咕，這有什麼好奇怪的，演戲不就是該這樣嗎？

除了日復一日的演出，看電影也是我磨練演技的管道。當時只要有休息空檔，我一定上電影院去。周曼華和李麗華這兩位大上海巨星，是我當時最喜愛的演員。周曼華有張豐腴的鵝蛋臉，演的角色大多是大家閨秀，總給我溫柔賢淑的印象，是我演「好人」的最佳參考範本。外號「小咪姐」的李麗華，和我一樣是京劇出身，身材玲瓏有致不說，眉宇間更是英氣勃勃，帶著一種野性美，演起命運坎坷的童養媳小白菜，或是豔麗的茶花女，都極有說服力，更是我演有個性的女性角色很好的學習對象。

人家看電影是看劇情，我呢，則是看演員表演，觀察他們怎麼演老人、演壞人、演可憐的人、演單純的人，把這些統統吸收進腦袋裡。我的記性很好，當我需演要演類似的角色時，隨時都可以抽取出來活用。

除了參考演技，我也跟著這些電影明星學梳妝打扮。畢竟，她們就是當時流行時尚的代表，而我作為女主角，是日月園的門面，總不能漏氣。我將頭髮剪到齊肩，燙出蓬鬆的捲度，再從委託行買來粉餅、腮紅、眉筆和口紅，在後台對著鏡子，勾出細長的新月眉，豔麗的紅唇，一筆一畫全都自己來，不假手他人。昔日那土土的小姑娘，也就像麻雀變鳳凰一樣，逐漸長成時髦愛美的女主角。

。。。

在劇團裡，什麼樣的角色我都願意嘗試，鄭政雄也為我量身定做了許多劇碼。現在還看得到我當時的「十五劇照」，代表我所演過的十五種角色：從富家千金到貧家孤女，從天真無邪的女學生到有顆三八痣的阿花，從賢妻良母到佝僂的老奶奶，還有槍手、律師、間諜、酒女不一而足。對我來說，要扮演這麼多的角色的確是挑戰，但我一點也不覺得困難。能演這麼多角色也是一種幸福，因為可以透過這些角色，來體驗不同的人生。

小豔秋的戲路多元，角色跨度大，她在新劇時期演過至少十五個角色，留下珍藏至今的「十五劇照」角色照片。

影攝秋千祝
LONG LIFE STUDIO

秋千祝

我常常覺得自己是不被人愛的，那我就在舞台上假裝自己被人深深疼愛；當我想到自己身世委屈想哭時，我就透過角色大聲哭出來；我在生活中隱忍的焦躁情緒或不悅脾氣，在台上就可以隨著角色盡情發洩出來，不需要顧忌會傷害誰或得罪誰，下了台也不需要再向誰交代。

人生如戲，戲如人生，與其說是我賦予了這些角色舞台上的生命，或許更應該說，是這些角色保護了我，豐富了我的人生。

一九五〇年代，日月園新劇團在全台各地戲院演出，十天為一檔期，約半年環島一周。

巡迴全台的日月園新劇團

演員這份工作，沒有所謂的上班下班。
早上起床就是一連串的排練，
晚上下了戲，也沒有自己的家可以回，
身體永遠和戲班緊緊繫在一起，
逃不掉也躲不了。

二十二歲的小艷秋已在劇團磨練五年。

是明星，也是平凡人

人家說「台上十分鐘，台下十年功」，在新劇這個圈子，我雖然是個跳級生，一年內就躍上枝頭，成為日月園的當家女主角，但吃的苦並不比別人少。

我知道大家眼中的舞台明星，總像是高掛在夜空中最耀眼的星星，永遠帶著優雅的微笑，享受著觀眾的追捧。其實，卸下妝容與光鮮亮麗的戲服之後，我們和一般的小老百姓沒有兩樣，都有身而為人會有的煩惱，牢騷和委屈也一樣不會少。

我十七歲時加入日月園，開始了「逐戲院而居」的漂浪生活。回想起那段時間，只有兩個字可以形容，「疲累」。演員這份工作，沒有所謂的上班、下班，早上起床就是一連串的排練，晚上下了戲，也沒有自己的家可以回。身體永遠和戲班緊緊繫在一起，逃不掉也躲不了。

當時日月園上上下下，連同演員、樂隊、工作人員，帶眷約有四十人。這四十人的移動，全靠著兩三輛大卡車。行當、佈景、道具、樂器、棉被、草蓆、妝台、鍋碗瓢盆……能收進木箱的就收，收不進的，就用麻布袋包一包、捆一捆，再一層又一層堆上卡車。

最後，團員們也像是行李一樣被放上車，女性坐中間，壯丁坐外圍，小孩子則用繩子跟大人綁在一起。車子行進時，上方的帆布會被吹得發出「達、達、達」的聲響。這麼多人和家當擠在一起，鼻子吸進來的空氣，都夾雜著鹹鹹膩膩的汗水味和衣服的酸臭，正如戲班的生活，那麼五味雜陳。

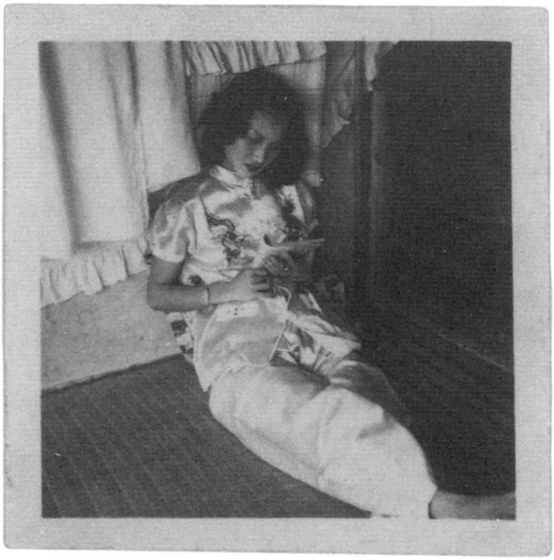

小艷秋趁劇團演出空檔，在戲院後台休息。

巡演全台的大船哪天才能靠港上岸

抵達演出的戲院後，還不能休息，得先將整車的行當、佈景等等大小東西一一卸貨至後台，那正是我們睡覺和排練的地方，也就是接下來十天的「家」。草蓆一張張攤開，再用布幔或蚊帳分隔，每個人的「房間」也就這樣簡易的打造出來了。

十天後，大家再搖搖晃晃、浩浩蕩蕩上路。不管春夏秋冬，日晒與風霜，一座城市走過一座城市，一間戲院演過一間戲院。

日月園有專職的廚師，打理團員的伙食，不過我們的三餐時間和一般人不一樣，早餐是在晨練後大約十點才吃，第二餐則是午場結束五點左右吃，第三餐等同宵夜，到晚場演完十點吃。只是通常也沒辦法專心吃飯，都得一邊吃，一邊忙著走位和對詞。

日日過著這種不斷遷徙的快步調生活，我發現每一個在戲班工作的人，都有最強的適應能力，面對任何問題、任何狀況，也總能用輕鬆的態度一笑化之。我的運氣好，升上女主角後開始擁有「特權」，不再需要擠卡車，而是搭火車前往演出的城市。戲院旁如果剛好有旅社，我也能暫時擁有專屬於自己的房間，不用在後台和大家擠成一片。

後來，舅舅甚至安排了兩位助理伺候我，並由舅媽專門為我烹調料理。我特別愛吃魚，舅媽每天早上都到魚市場買新鮮的魚貨，有時紅燒，有時清蒸或煮湯，替我補充必要的營養。

除了農曆春節前可能休個兩天假之外，戲班大夥無時無刻都待在一起，對彼此的習慣、個性都很熟悉，感情更甚於家人。只是，這樣的親密，對於個性內向的我來說，始終難以適應。

我總覺得自己像是搭上了一艘擁擠的大船，無際的海洋給我的不是自由，朝夕相處的船員對我來說也只是形同過客，終日的航行漂蕩更令我暈頭轉向。我不斷的祈求大船能盡早靠岸，讓我的雙腳能站穩在結實的陸地，不需要再奔波勞碌，能夠好好睡覺、好好休息……。

。。。

每次到新的戲院，展開新的檔期，我們的首要任務便是「宣傳」。宣傳的方式說起來很陽春，因為沒有經費登報打廣告，通常都會在演出的第一天早上，安排在戲院附近踩街。由樂隊打前鋒，敲鑼打鼓吹喇叭，小演員們揮著日月園的旗幟走在後頭。鄭政雄會拿著大聲公，向出來探熱鬧的民眾宣傳演出的劇碼，幾個見習生沿路發送傳單。我和素梅枝則穿戴漂亮，在隊伍的中後方，坐在人力車上，一面微

一九五二年，日月園新劇團時期的小艷秋明星照。

笑，一面向民眾揮手。多年後，我在電視上看見英國查爾斯王子和黛安娜王妃結婚時，街上萬頭攢動，民眾你擠我我擠你，就為了一睹王室丰采，那景象我好熟悉，當年我們宣傳的時候，街上就是這麼熱鬧。

鬼才鄭政雄教日月園演活戲

日月園是當時全台灣知名度很高的新劇團，我和素梅枝也是名聲響亮、人見人愛的劇場情侶。這金字招牌一打出來，其實不需要多作宣傳，觀眾都相當買單。不過，鄭政雄不止會導、會編、會演，對於怎麼賺錢，鬼點子也特別多。每到一座城市，他就興沖沖的要我們換上戲服、化好全妝，進照相館或附近的公園、景點拍攝沙龍照。接著，再請老師設計花式簽名，要我勤加練習後簽在照片上，大量印刷做成一疊疊簽名照，每天就讓見習生黃俊站在戲院門口叫賣，不出幾分鐘就賣個精光！他用這個方式賺了好多外快，你說，是不是很有生意頭腦！

受歡迎、票房好，戲院自然想把檔期拉長，讓我們待久一點。戲院老闆出面拜託了，我們也不好推辭，只能請下個戲院再等等。檔期常常從十天延到二十、三十天，然而外頭看起來風光，我們心裡卻是無限的焦急。因為檔期延長了，代表我們需要更多的劇碼，但是在這麼緊迫的時間裡，要如何生出更多的精采好戲給觀眾？

以往鄭政雄寫好劇本後，會讓黃俊印刷成冊，團內每人發一本，大家都得細讀，然後排練、修整，再怎麼快也都是一兩個月才能推出一齣新劇。如今劇碼的需求來得又多又急，哪來的美國時間讓你慢慢寫劇本、慢慢排練呢？

於是，聰明的鄭政雄想好故事後，就再不寫成完整的劇本了。他改用一張薄薄的「幕表」取代，上頭只列出每一場的角色和出場序，其他就什麼也都沒有。每天晚上九點半下戲，大家輪流吃宵夜、簡單梳洗後，他就聚集大家，一人發一張幕表，開始講戲。

講戲是這樣的，鄭政雄會從第一場開始說起，解釋這場戲主要的劇情會發展到哪裡，有哪些演員要上台，上台的順序如何安排。場景是公園、法庭還是宅第？道具要有花瓶、陽傘還是手槍？音樂什麼時候要進來，當時又是什麼樣的氛圍，燈光什麼時候要亮，幕什麼時候要降……就這樣嘴上談兵，把整齣戲從頭到尾講過一輪。那無論是演員、佈景師、樂隊，也就得各憑本事領略，將這些細節烙印進腦海裡，並使出渾身解數將它實現。

我們專業演員經驗充足，領悟力強，通常只要掌握劇情和人物設定，導演再提醒一下動作、情緒、走位，基本上都沒有太大的問題。佈景師傅和一拖拉庫的工人弟兄們，反應也相當機靈。日月園的佈景講究，一張張帆布上畫著客廳臥室、山林樹木、酒樓舞廳，各種場景一應俱全。佈景變化起來又很方便，除了直接用兩根竹桿撐開之外，通常也會在台上立好幾塊折疊木板，換景時只需要更換帆布，或是讓木板轉個方向就大功告成，速度快得很。有時候，幾個工人還得兼著演戲，但是他們忙進忙出也從來沒有亂掉。

而說到我們的樂隊，那更是老江湖了。即興演出對他們來說根本是小菜一碟，還非常能「跟上時代」，現在流行什麼歌曲，馬上就學起來運用。他們用音樂隨時推進劇情和烘托演員情緒，像是有魔力一樣，能夠替整體的演出畫龍點睛。

這種沒有固定的台詞和劇本的戲，在當時我們就叫作演「活戲」。活戲雖然很考驗戲班的默契，但自由發揮的空間大，甚至能依照現場觀眾的反應隨時調整，觀眾也感受到一股活潑和創新，比起那些按劇本演出的「死戲」反而來得更受歡迎。

。。。

後來鄭政雄離開日月園，戲班頓時沒了導演和編劇，但巡迴的步伐卻沒有因此停下，否則四十多張嘴都要喝西北風了。可是新劇碼要上哪找呢？正煩惱時，我和素梅枝恰好看到報紙上的廣告，香港導演屠光啟的電影《月兒彎彎照九州》正在上映。我急中生智：這不就是現成的故事嗎？

於是，午場下戲後，我們兩個就連忙卸妝，招了三輪車匆匆往電影院報到，一邊看電影，一邊拿出紙筆把劇情和對白快速抄起來。素梅枝雖不識字，但記性是出了名的好，我拚命寫，她拚命背，兩個人在黑黑的戲院裡忙得團團轉。

電影一演完，我們馬上又趕回戲院準備晚場的表演，兩個人一面試裝撲粉，一面核對電影劇情，第一場、第二場該演什麼、誰要出場？場景在哪裡？主題曲什麼時候進來。從頭到尾，我們像拼圖一樣，將無數的碎片拼湊在一起，拼出一幅日月園的全新大戲。到了宵夜時間，幕表一張張發下去，我就開始給大家講戲。那時候，我們經常排練到凌晨，睡不到幾個小時，一早又起床再排幾次，連緊張擔心的時間也沒有，午場的幕拉起來，我們就直接上戲了。

這「不可能的任務」我們執行過好多好多次。當時火紅的國語片如《玫瑰玫瑰我愛你》、《小白菜》、《茶花女》，外語片《魂斷藍橋》，都是才剛上映，隔兩天就讓我們在劇場「盜版」演出了。當時哪有什麼版權、抄襲的觀念，票房甚至還比電影賣座。探究原因，我想，一來是電影本身就有話題性，二來是看戲早已是大眾娛樂習慣，票價不但比電影便宜，劇情又拆成好幾天來演，感覺划算多了。第三個原因我自己猜想，應該是日月園的觀眾以本省人占多數，這些國語電影我們改成台語演出，觀眾覺得比較有親切感。

有句話「危機就是轉機」，說得真是有道理。電影舞台化讓日月園更受歡迎。印象中我們無論到哪座城市演出，都是座無虛席，場場爆滿。觀眾自己從家裡搬來椅凳，將走道擠得沒有半點空隙。還曾經發生過太多人站上樓梯，整座垮了下來……。

熱情的戲迷帶來溫暖與歡笑

身為養女，我在日月園是沒有薪水的，但日月園的戲迷都很熱情，送給我的東西，小至土產，大至紅包、金飾，應有盡有。因為演的是時裝劇，戲迷們經常送我漂亮的洋裝，素梅枝則常收到領帶。有時我們兩個會說好一起穿戴起來上台演出，就當作是回饋戲迷。

收到禮物理應是充滿感激和興奮的，但當時的我每天忙得天昏地暗，吃沒吃好，睡沒睡好，新劇碼永遠在後頭追趕著，真的是身心俱疲，沒有任何力氣感到開心。尤其，每天總會有那麼幾位老闆、親戚，動用關係想來後台串門子，見見「巨星」本尊。但我既不是動物園裡的珍禽異獸，也不是不斷電的機器娃娃，下了戲後只希望誰都別來打擾，讓我自己能好好靜靜。

我這人本來就不愛講話，好事壞事全都悶在心底，累積久了，對別人、對自己都充滿憤怒與不耐。我那兩個助理都是比我小幾歲的女孩，日夜跟在身邊服侍我，難免也就成了我的受氣包。她們卻始終包容著我，知道我有口無心，只不過是疲累罷了。每天一個幫我擰條乾淨的包巾擦擦臉，另一個替我按摩捶背，有她們，至少能安靜地消弭我的不適與焦躁。

說起來，我當時個性非常驕傲，儘管演了那麼多齣的愛情戲，但眼睛像長在頭頂一樣，任何追求者，無論他的身分地位如何，我一個都看不上。記得曾有位來自高雄岡山的楊姓戲迷，某日看戲後像是被電到一樣，不可自拔地愛上我，一路跟著我們巡迴全台，後來更索性加入樂隊吹奏喇叭。其實人家長得乾淨斯文，每日見到我也客客氣氣的打招呼，但我卻是正眼也不瞧他一眼，把他當成空氣。他愛慕的眼神投過來，我只會覺得渾身不自在。他家境頗好，是獨子，到最後是媽媽追到團裡，求他回去繼承家業，他才依依不捨地離開。

小艷秋和戲迷結伴出遊時拍下的美麗倩影。

我生活中為數不多的快樂，大概都是和戲迷一起逛街、玩耍的時光。我在各地都有感情不錯的女戲迷，她們家境多半不錯，有錢也有閒，把我當成小公主一樣地寵愛。當時台灣沒有百貨公司，國際品牌也沒辦法進口，如果想買國外的商品，一定得透過專賣舶來品的委託行。委託行大多集中大城市最熱鬧的街區裡，像是台北的晴光市場，基隆忠二路、孝一路，台南友愛街，和高雄鹽埕的崛江商圈等等。整排漂亮的櫥窗裡，陳列了各式各樣華麗的衣服、化妝品；當然，價格也非常可觀。

每次到不同的城市巡演，我一定會抽出一個早上的時間，和各地的戲迷姊妹們相聚。她們知道我愛漂亮，表演也有需求，總會帶我到委託行採購。哪件洋裝吸睛、哪個腮紅亮眼、哪副耳環精緻，不管價格多貴，她們全都毫不猶豫地買來送我。梳妝打扮好了之後，一行人再浩浩蕩蕩地到公園拍照。好像只要看到我漂漂亮亮的、笑得開懷燦爛，她們就心滿意足了。後來，我也漸漸願意花錢裝扮自己。

直到現在，我最喜歡做的事情還是逛街、買衣服、梳妝打扮。每次出門，我都會花上大把時間，從頭到腳精心搭配，而且一定要拍照留念。因為每當我看著照片劇團有新戲，鄭政雄導演便安排小艷秋拍攝沙龍照，並製作成明星簽名照販賣，賺外快。小艷秋也因而養成拍沙龍照的習慣。

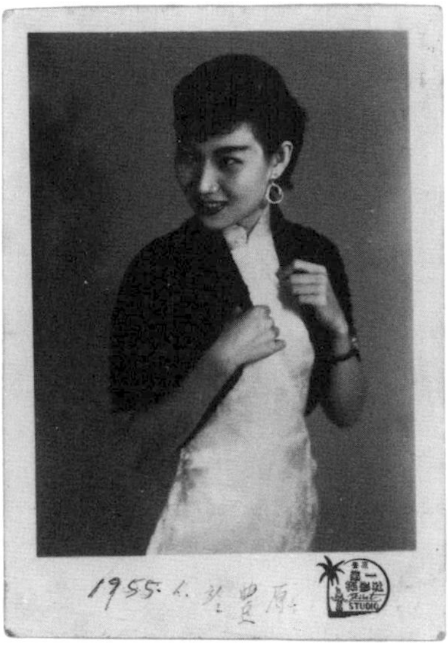

裡漂亮的自己，我才覺得我對自己的生活，好像多了那麼一點點的主控權，我好像可以多一點點成為自己想要的模樣，多一點點過自己想過的人生。

追隨電影夢

原來拍電影就是這樣子嗎？
好像並沒有想像的困難嘛。
這就是李麗華、周曼華的生活嗎？
有沒有那麼一天我也能成為電影明星？

小艷秋和素梅枝跨界演連鎖劇，飾演情侶在台中公園談戀愛、郊遊。

有天晚場結束後，舅舅突然要我到後台，說有重要的事情要談。一進休息室，就看到一位年約四十歲、西裝筆挺的先生起身向我鞠躬，他自我介紹名叫郭柏霖，是新竹人，希望和我們合作。

攝影機前的新體驗——郭柏霖的連鎖劇

「喔？要合作什麼呢？」我有點好奇。郭柏霖對我解釋，他曾經在上海聯華公司工作，看準現在台語電影的熱潮，也有當導演的打算。這幾個月來，他一邊尋找資金，也一邊在物色男女主角，跑遍了全台灣的新劇團。他看了我的表演，覺得我外型亮麗，演技也很不錯，簡直是不二人選，因此想邀請我擔任他的電影女主角，一起拍台語電影。

「拍電影？」我看了舅舅一眼。我想起這幾年我們改編的那些電影，想起大銀幕上，那些風姿綽約，引領時尚潮流的女明星們……我，也可以和她們一樣嗎？才正準備幻想時，舅舅就將我拉回到現實。「阿秋很忙，我們還有好多個戲院檔期要跑，怎麼會有時間拍電影呢？」

郭柏霖好像早就預料到舅舅的反應，不慌不忙地接著說，有一種劇叫做「連鎖劇」，是日本新劇很流行的一種類型，通常會在舞台演出中，穿插播放和劇情有關的短片。「要不，我們先來合作拍這樣的短片，好不好？」

我和舅舅看他沉著穩重，態度也客客氣氣的。既然這個「連鎖劇」聽起來滿有看頭，也不會花太多時間，好像可以試試看？如果合作愉快，再決定要不要演電影也不遲，於是就答應了他。

小艷秋和素梅枝跨界演連鎖劇，飾演情侶在台中公園著名的「日月湖」划船。

那時候，我們正好在台中巡演，便約好了隔天早上到「台中公園」拍攝。台中公園從日本時代開始，一直就是情侶們的「約會聖地」，每次到台中演出，我也都會和戲迷朋友到這玩。園內林木蓊鬱，詩情畫意，最有名的，莫過於座落在日月湖上的「湖心亭」。

於是，我和素梅枝起了個清早，她梳起招牌油頭，穿上花襯衫與西裝褲，我則是俏麗的鬈髮搭配豔麗紅唇，一身優雅的洋裝，再掛上碎花串起的項鍊，來到台中公園集合。郭博霖帶著五、六名工作人員，早已蓄勢待發，他說這次使用的是十六厘米底片，黑色的攝影機體積不大，看起來還挺輕巧的，攝影師可以直接拿在手裡拍攝。

「那，我們該做什麼呢？」第一次拍片，我和素梅枝都有些興奮和緊張，郭柏霖連忙解釋，日月園最受歡迎的就是愛情劇，男女主角談戀愛的時候經常會相約到公園郊遊，我們就把這樣的約會過程拍下來吧！「咦？那⋯⋯有劇本和台詞嗎？」我怯怯的提問，郭柏霖笑著回答，「不需要，我們這個是無聲的影片。」接著，就興沖沖地開始「導演」了。

小艷秋和素梅枝跨界演連鎖劇，飾演情侶的兩人挽著手，一臉甜蜜。

「現在，請妳挽著素梅枝的手臂，從那棵鳳凰樹朝鏡頭這邊走來。你們要聊什麼都可以，這隻影片是沒有聲音的，只要感覺是有說有笑、感情親密的模樣就好！」

「好，你們手牽手走進涼亭裡坐下，素梅枝倒一杯茶給小艷秋喝，小艷秋妳再拿出手帕幫他擦擦額頭的汗。」

「兩人沿著日月湖畔走，素梅枝摘一朵花送給小艷秋。小艷秋聞聞花香，表現幸福的模樣。」

這種談戀愛的戲碼，我和素梅枝舞台

小艷秋和素梅枝跨界演連鎖劇，飾演情侶在台中公園談戀愛、郊遊。

上演過數千次，早已熟悉不過，不過是換個場景，甚至還不用背台詞，只要美美的勾勾手、微微笑，簡直比演新劇還容易。於是，根本也不需要排練，我們就照著郭柏霖簡單的指示，演出一對兩小無猜的情侶濃情蜜意的模樣。最後，兩人一起乘上小船，在波光粼粼與湖心亭的陪襯下，度過這次約會最浪漫的時光。

因為是在公園拍攝，吸引了許多好奇的民眾圍觀，我除了覺得新鮮好玩之外，腦中也開始浮現各種幻想。原來拍電影就是這個樣子嗎？好像並沒有想像的困難嘛。這就是李麗華、周曼華的生活嗎？有沒有那麼一天，我也能成為電影明星？

新劇觀眾為之瘋狂的全新體驗

拍攝結束，我和素梅枝就趕回去演午場了。郭柏霖動作也很快，開始將上午拍攝的外景戲，剪成大約二十分鐘左右的短片。午場散場時，見習生們便開始向觀眾宣傳，「日月園將於晚場隆重鉅獻連鎖劇！」「可以同時看到新劇和電影，物超所值喔！」

當晚，演出來到素梅枝向我表達愛意，我羞澀的點頭回應後，兩人深情對望，約好明天一起去台中公園郊遊，燈光突然就暗了下來。大大的白幕從天花板降下，放映機的馬達聲遠遠傳來，我們兩個早上拍攝的約會影片，就這樣直直地投放在白幕上。觀眾們「哇！」的發出一陣陣驚呼，樂隊們開始演奏浪漫的情歌，現場為之瘋狂。等到影片播映完畢，劇場再次燈亮，白幕捲起後，我們再出場，接著劇情繼續表演下去。

這短短二十分鐘的影片穿插，簡直顛覆了觀眾看戲的經驗。好像演員突然跳脫了舞台這個「虛構的空間」，出現在真實的世界裡。連鎖劇獲得空前絕後的熱烈迴響，成為日月園的新招牌。後來我們在台北演出，郭柏霖又帶著我們拍了一段到北投公園約會的影片，票房也是一片長紅。

。。。

過了不久，郭柏霖喜孜孜地跑來，說要告訴我們一個好消息：他終於獲得支持，要當導演拍電影了！原來是在西門町經營「美都麗戲院」的鄭氏兄弟，弟弟鄭錦文剛成立了大同影業公司，受香港聯合電影公司委託要在台灣拍攝電影，而兩個公司合作的第一部片，就將交給他來執導。

我們日月園上上下下都非常替郭柏霖開心，他有才華又努力，獲得這樣的機會並不意外。這時，他又再度誠懇地向我提出邀請，說這段時間和我拍連鎖劇，果真驗證了自己的眼光沒錯，覺得我不但上相，有「カメラフェース」（Camera Face），演技好，又有廣大的戲迷，這部電影的女主角非我莫屬。

聽到他這樣說，我對拍電影自然是非常樂意。畢竟人總是要往上爬的，對不對？新劇已經演了這麼多年了，我無論是身心都已經極度疲乏，好想嘗試新的東西，改變一成不變的生活。只是，我當然也有所顧慮。畢竟自己是劇團女主角，若我跑去拍電影，對日月園的影響一定很大。雖然當初走上新劇這條路完全是被家人所安排，並非自己樂意，但我總覺得自己對日月園還是有責任。難道我可以這樣任性，追隨心裡小小的電影夢，說走就走嗎？

《桃花過渡》三個第一的台語歌唱電影

還好，這個問題最終還是交給我的舅舅，日月園新劇團團主林水發決定，我怎麼煩惱也無濟於事。郭柏霖和大同影業的製片杜雲之花了不少時間和舅舅商量，他們認為現在越來越多人在拍台語電影，因為本省觀眾多，講的又是大家熟悉的語言，票房一定會越來越好，新劇很快就會被淘汰了。他們也強調，可以讓日月園的演員也參與這部電影的演出，屆時一定會非常轟動，日月園並不會吃虧。

台語片《桃花過渡》工作照。

就這樣，舅舅被說服了。於是，《桃花過渡》這部集結了三個「第一」——第一部大同影業發行、第一部郭柏霖執導、第一部小艷秋主演——的電影，順利在一九五六年八月十日，於板橋林家花園舉行開鏡典禮，正式開拍！

《桃花過渡》工作照。小艷秋的阿姨兼日月園團長林桂（即清華桂）到拍片現場探班（前排左一）。

《桃花過渡》是流傳在台灣民間，一齣經典的男女對唱戲碼，在以前廟台前的車鼓戲和南管，或是歌仔戲、客家山歌採茶戲裡都會出現。演的是搖船的擺渡人阿伯，和名為「桃花」的船客小姑娘，兩人你來我往、互相調侃的精采過程。阿伯老猶風流，不斷言語逗弄桃花；桃花則伶牙俐齒，不甘示弱還以顏色。兩人從正月交替唱到十二月，歌詞不但調皮逗趣，輕快的旋律，只要聽過一次便能朗朗上口。當時只要有看戲的觀眾都再熟悉不過，所以將它搬上大銀幕真的是非常聰明的選擇。

郭柏霖在民謠的基礎上改編了劇本。《桃花過渡》電影版的故事是這樣的：少女彩霞與青年劍英相戀，卻遭到彩霞父親反對，逼迫彩霞與表兄結婚，兩人出於無奈只好私奔，在山中隱居。不幸的是半年之後，曾向劍英求愛不成的採茶姑娘阿愛撞見兩人，氣憤之下向彩霞父親報信，夫妻被迫分開，劍英更被判入獄。服刑期間兩人失去聯絡，劍英出獄後也找不到彩霞，只好在桃花溪撐船營生，日日唱著彩霞喜愛的歌曲，以淚洗面。

《桃花過渡》工作照。走紅歌仔戲圈的月
華桂（左）和小艷秋都是第一次拍電影。

多年後的某一天，劍英遇上了一位名叫桃花的小姑娘要搭船渡河，驚覺桃花的容貌神似妻子彩霞，而劍英所唱的歌曲也讓桃花頗為熟悉，互相詢問之後，才發現原來桃花不是別人，正是兩人的女兒。桃花也娓娓道出，彩霞在劍英入獄後再度被父親強迫嫁給表兄，帶著桃花逃走，一人經營小酒館，辛苦將桃花撫養長大。最後，歷經磨難的一家人總算得以團聚。

我在片中一人分飾彩霞、桃花兩角，男主角劍英則是由本省的歌仔戲班「日光劇團」的小生月華桂來反串。月華桂是桃園大溪人，在江湖上可說是傳奇人物，因為她是到了二十歲才開始學戲曲，但因為底子好，一年後就出了名，紅遍全台灣，有「台灣第一小生」的美稱。

月華桂最有名的是她的唱功，她中氣強勁，喉韻技巧一流，而且還有歌唱時下巴會抖動的招牌特色，被戲迷封為「戽斗寶貴」。極富個人魅力的她，到哪裡表演都是票房保證。這也是她第一次拍電影。

《桃花過渡》整部片除了演戲，唱歌也占很大篇幅。電影裡穿插了包括〈恆春調〉、〈宜蘭調〉、〈哭調〉等十多首民謠，我想大同影業也是看上月華桂的專長與高人氣，才找她當男主角的。要不然，她當時已經四十多歲，其實說起來並不那麼上相。現在流傳的那張，我和情人在船上相依偎的浪漫劇照，裡頭的男子並不是男主角月華桂，而是後來找另一個年輕男演員林金炎來作桃花的男朋友，視覺上比較匹配。

電影拍攝的新體悟，演藝生涯的再開發

那時台語片才剛開始發展，大家都還不太有經驗，資源也不多，印象拍得很波折。據說《桃花過渡》預算有台幣四十萬元，幾乎都是外景拍攝，像是林家花園以及附近的竹林。不過，其中最重要的渡船場景，我已經忘了是去哪裡拍攝的，只記得那幾天天氣大好，萬里無雲，豔陽高照，穿著一身厚重古裝的我，簡直要被晒昏了，這才體會到電影演員的辛苦。

而當你被巨大的攝影鏡頭對著、被一群陌生的工作人員圍著，其實是有很強烈

的壓迫感的。許多演員會不自主地緊張，拚命吃螺絲，沒辦法自在地演出。也許是已經有過和郭柏霖合作連鎖劇的經驗，加上多年的新劇磨練，首度出演電影對我來說，倒也駕輕就熟，並不覺得特別困難。唯一需要花點時間適應的，大概就是如何掌握角色情感的轉變和延續吧！

我們演新劇時，無論是情緒或是台詞，完全是照著劇情發展的時序順著走，但拍電影不一樣，電影會按照場景來安排拍攝的內容。比如說，今天在林家花園，那麼整本劇本裡所有發生在林家花園的情節，都要集中在今天拍掉。所以有可能早上拍電影開場的戲，下午是拍電影的結尾。你想想，那角色的狀態、情緒有多麼不一樣，得靠演員自己去琢磨和調整。

分鏡也是。我也是拍了電影才知道，有時候演一段戲，要分成不同的鏡位來拍。有時候遠景，有時候特寫、側面或是拉背。有時候就只是幾句台詞或是一個動作，都有可能要切成好幾個鏡頭。才剛醞釀好的情緒，導演一喊卡，又得重來，很不容易連貫。

經過四十天左右的拍攝，電影順利殺青。因為當時還沒有出現同步錄音的技術，所以影片剪好後，我們還要到北投的台製廠配音。最後，《桃花過渡》在民國四十五年十月二十六日在「台北」和「中央」兩家戲院首映。因為大受歡迎，三天後，大觀戲院和大光明戲院也加入放映。

所以我想，其實人生啊，很多時候就是一種「運勢」吧。眼前的路模模糊糊，會遭遇什麼困難、經歷什麼奇蹟，沒有人能預測，但背後總有幾隻手默默推著你向前。台語片如此，我的演藝之路也是如此。《桃花過渡》的賣座是我始料未及，既然電影的風帆揚起了，我也別無選擇，那就乘風破浪，向前航行吧！

《桃花過渡》的報紙廣告（《聯合報》1956／10／26）

無人不知無人不曉的《瘋女十八年》

有人說，《瘋女十八年》只有小艷秋能演，

對我來說，《瘋女十八年》也只有白克才能導。

《瘋女十八年》劇照

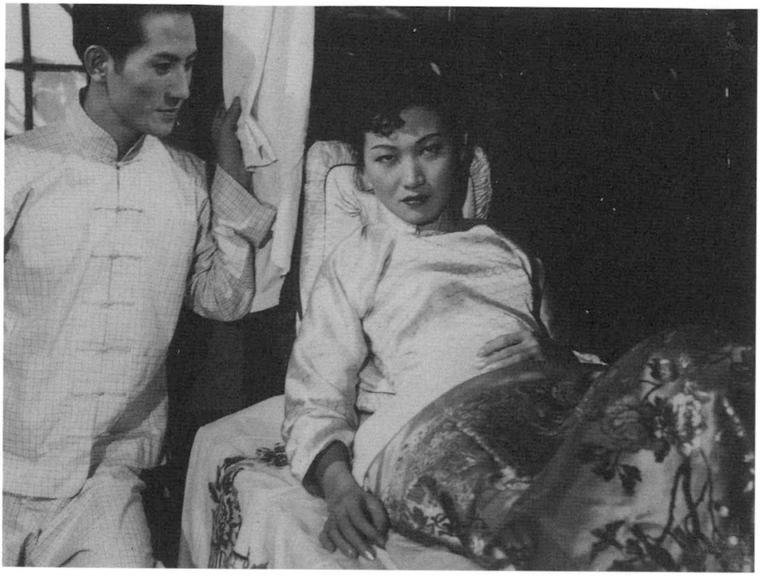

眼光精準捷足先登的李臨秋

《桃花過渡》的初體驗，將我從劇場舞台拉進大銀幕，許多影評給了我「台語片明日之星」的稱號。在拍《桃花過渡》的時候，〈望春風〉、〈補破網〉的作詞人李臨秋，就向我舅舅林水發提出邀請，邀他一起投資香港的閩聲公司，打算讓我到香港和閩聲旗下的江帆合拍電影。

李臨秋當時是永樂戲院的經理，香港廈語片在東南亞的熱銷程度早就讓他躍躍欲試，他相信如果讓台灣和香港最著名的兩位女明星合演電影，不但能創下紀錄，更能一舉拿下香港、台灣和東南亞的龐大市場，絕對有利可圖。在李臨秋千方百計地勸說下，舅舅決定掏錢出來賭一把，並替我和閩聲談定了三部電影的片約。

然而，就在忙著辦理出國手續的時候，《桃花過渡》的出品方，也就是大同影業的老闆鄭錦文，突然帶著鄭太太來找我，說有部片馬上就要開拍了，女主角戲份吃重，但他們面試了快一百個人，卻始終找不到合適的演員，想了想還是覺得非我莫屬，很希望能和我再次合作。

但我也坦白告訴他們，這段日子陸陸續續有很多戲約都被我推掉了，因為已經要出發去香港，實在抽不出時間接演這部電影。鄭老闆夫婦大概也意料到這是我會拒絕的說詞，所以一再向我強調，只要我答應，他們一定會有辦法解決時間的問題。我心想，舅舅都已經把本金匯去香港了，怎麼可能有轉圜的餘地？

隔天，換成大同影業的製片杜雲之出擊，他把電影劇本送過來給我。我一翻劇

《瘋女十八年》劇照。

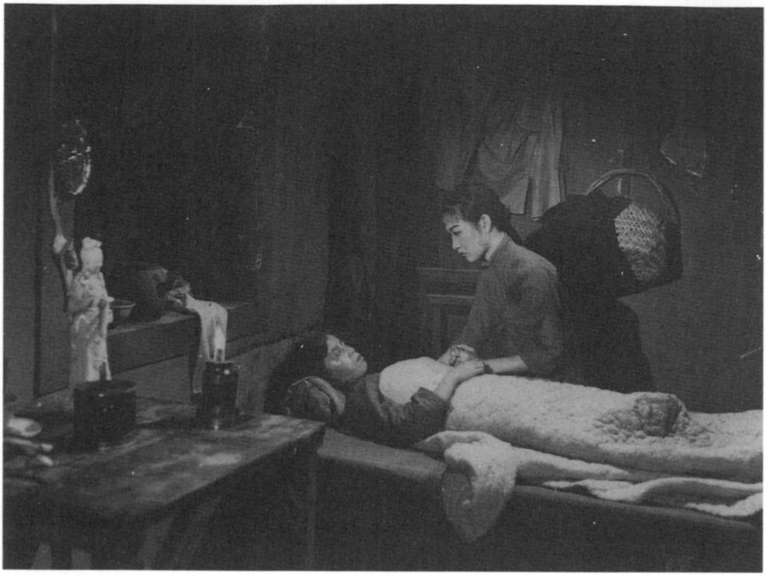

本，「咦？這不是之前《中華日報》上的報導嗎？」那篇報導揭露了台南西港有個女人，被關在豬欄裡超過十八年的事。因為太悲慘了，上報之後引起非常大的轟動，包括婦聯會在內的組織都投入救助。

決心拍出高品質的台語電影——《瘋女十八年》

杜雲之說，現在大家一窩蜂地拍台語片，和我們演新劇一樣，劇本荒嚴重得很。大同看中這是全台灣無人不知無人不曉的大新聞，一定要打鐵趁熱改編成電影，免得被其他公司捷足先登。

他也提到，這次他們特別找來台灣電影製片廠前副廠長白克擔任編導。白克是外省人，過去在廣西、南京、上海都有拍電影的經驗，前一年也導演了《黃帝子孫》，是公營片廠第一部台語電影。他強調，白克有想法、有才幹、夠專業，跟他合作絕對是品質保證，顯示已經有決心要拍出高品質的台語電影。

我細細讀了《瘋女十八年》的電影劇本。沒錯，故事高潮迭起，非常精采。依據我過往演新劇的經驗，可以預期這部電影的市場潛力很高，上映後一定會大受歡迎。我也感覺到這位白克導演，對電影好像有很不一樣的企圖。整部劇本看下來，雖然女主角命運多舛，但情節並沒有如想像中那樣灑狗血，反而是利用「鄉野奇譚」這種迎合觀眾口味的套路，來批判養女買賣、江湖迷信這些社會惡習。另一方面，整部電影，女主角的戲份吃重，我想如果能藉此機會磨練磨練演技，也是相當不錯的機會。

所以，我心動了。但是香港的片約都已經簽了，怎麼能答應大同？答應了不就要違約了？

大同他們顯然是有備而來，見我遲遲不答應，便使出了絕招。他們一方面將我的片酬增加整整一倍——《桃花過渡》我拿一萬塊錢片酬，這次《瘋女十八年》，他們直接給我兩萬元。另一方面，他們和香港那邊聯繫，幫我疏通好關係，讓我可以晚一點再過去。事情演變至此，看他們這麼誠心邀請，我也沒有不答應的理由了。

在那麼緊急的情況下，《瘋女十八年》就這樣被大同公司拚了命地擠進來。距離影片預計開拍不到十天時，我和杜雲之與白克在延平北路第一劇場樓下的咖啡店裡，簽下了合同，成為《瘋女十八年》這部片的女主角。一九五六年十月二十六日晚上七點，影片正式開拍。本來應該在香港的我，來到植物園裡的台製廠攝影棚，開始拍攝這部我演藝生涯中，最具代表性的電影。

為了配合我前往香港的時程，影片的拍攝期只有短短的三十天，大家都非常辛苦，緊繃到了極點。不過，搶在我去香港之前拍完的判斷是完全正確的，《瘋女十八年》這部「故事悲悽的人間慘劇」，上映後果然大為轟動，不僅影片上映後持續熱映超過二十五天，有超過一百四十場都爆滿，影評也給予高度評價，認為是「台語片新楷模最佳巨片」。

留存在腦海中的精采片段

很可惜以前沒有保存電影的觀念，《瘋女十八年》現在已經都看不到了。這部片是從記者到寺廟採訪比丘尼開始演起的。觀眾看到比丘尼坐在高掛著「苦海慈航」匾額的寺廟裡，香煙繚繞，她緩緩道出被囚禁在寺廟後方木籠裡、那個瘋狂痴笑的女子阿蓮，命運何以如此悲慘的際遇。

十八年前一個雷雨交加的夜晚，與母親相依為命的阿蓮，淚眼汪汪地看著母親在病榻前嚥下最後一口氣。為了籌措母親喪葬的費用，阿蓮掛著「賣身葬母」的牌子，跪在街邊祈求好心人的幫助。

路過的酒家老闆楊尾（楊渭溪飾）看阿蓮長得清秀可人，便出面將她收為養女。將母親安葬後的阿蓮，以為自己將在新的家庭展開新的人生，怎麼知道這其實是悲劇的開始。夜裡，養父楊尾將魔掌伸向阿蓮，養母知道後怒不可遏，狠狠打了阿蓮一巴掌，並將她送進酒家當酒家女。

然而，個性單純的阿蓮並不懂得應對，很快就得罪了客人，所幸同桌的賓客周天成（邱清光飾）出面解圍才全身而退。阿蓮與天成兩人也因此互相看上了眼。兩人日久生情，在酒家姊妹的幫忙下，終於有情人成眷屬，結為夫妻。

可惜好景不常，阿蓮並沒有從此過著幸福快樂的日子。天成的阿姨、也就是天成母親的妹妹（鍾瑛飾），一直屬意讓女兒王秀（謝愛金飾）嫁給天成。早就看阿蓮不順眼的母女倆，在周天成的母親（陳月嬌飾）生病時，便以協助照料之名，大搖大擺地住進了周家，萬般挑撥阿蓮和婆婆的感情。她們不僅下藥來誣陷阿蓮，甚至設局讓天成和王秀一起過夜發生關係，再逼天成迎娶王秀。

受盡欺凌、瀕臨崩潰的阿蓮，堅強地照顧剛出生的孩子，只可惜，上天並不眷顧善良的她。趁著天成做生意出遠門時，王秀母女變本加厲地欺負阿蓮，將她逼到

《瘋女十八年》的報紙廣告（《聯合報》1957／1／2）。

瘋癲，關進寺廟旁的木籠裡。從此阿蓮與蛇蟲同穴，飽受日晒雨淋，與世隔絕過了慘絕人寰的十八個年頭。

十八年後，阿蓮才被記者發現，悲慘際遇被報導了出去，天成也才得知真相。在眾人的解救下，天成抱著阿蓮回家治療，而王秀母女則跪在木籠前，低頭深深地悔過。

一次一次地重拍激發出完美演出

光是從劇情就可以發現，在《瘋女十八年》裡，我主演的女主角阿蓮經歷了一次又一次的命運折磨：她是孤苦無依的孝女、飽受欺凌的養女，又是被推入火坑的酒女、遭到陷害的賢妻，最後成為被逼到發瘋囚禁的母親。這麼多重性格的轉變，一個經驗豐富的演員也未必能駕馭，何況我才剛踏入電影這個領域。前面幾種苦命的身分或許還不是太難，但是「瘋女」對我來說卻是一個很大的挑戰。我在舞台上演過的角色不算少，只是過去可從沒演過發瘋的女人，所以老實說，我自己也不是那麼有把握。

這時候，就要非常感謝白克導演了。同樣演過劇場的他，對我很是尊重和信任，既會放手讓我表演，也會適時給我提點和指導。究竟，要怎麼將「瘋」的狀態給演活呢？白克導演告訴我，最關鍵的不是肢體，而在於「眼神」，眼神必須要「失神」。那麼，沒了靈魂的眼神又該怎麼做？白克導演說，首先，雙眼必須直直的盯住前方的某個定點，不要有任何偏移——接著，慢慢的控制下眼皮下方的小肌肉，讓它微微地開始抽動——最後，將抽動加速、加大，要擴張到整張臉的肌肉，包括兩邊臉頰、嘴巴，然後進入到無法控制的瘋癲狀態。這個臉部表演的過程，從始至終，眼球都不可轉動，連眼皮眨都不能眨。

《瘋女十八年》劇照。

為了這個眼神，我對著鏡子練習了好多天，到最後差點要抽筋了，才抓到訣竅。但實際拍攝時，可能是特寫的關係，拍了幾次白克導演仍然不滿意。「不行！」「再來！」他非常嚴格，一遍又一遍地要求。我大概也是快被磨瘋了，最後，我終於做到了！這場我在木籠裡披頭散髮，發瘋痙攣的戲，將整部電影帶到了最高潮。他們跟我說，當時在一旁觀看的工作人員，見到我的表演都忍不住直打寒顫，說我演得太真實、太絕妙了！

過去演新劇因為是在舞台，為了讓全場觀眾都看得清楚，情緒和動作都會盡可能放大。但電影演出就不一樣，在鏡頭前，每一個細節的處理反而要更細膩，才能讓觀眾有所感動與投射。這也是和白克導演合作了《瘋女十八年》後，我逐漸有的體會。

像是被關在木籠裡的「瘋女」阿蓮，並不是二十四小時都處在發瘋痙攣的狀態。她會有發病的時候，也會有呆滯、一動也不動的時候；她會瘋狂拚命撞著柵欄、吼著「放我出去！」也會蹲在角落痴痴傻笑；她會有別人怎麼叫她的名字她都沒有回應，連自己都不認識自己的時候；也會有突然想起了自己的身世，一陣辛酸苦澀突然湧上來，淚水不自覺流下來的時候。我知道要把瘋女阿蓮這個角色演好，不止要辛苦磨練眼神，更得細細體會這個角色複雜的內在和外在狀態，然後耐心雕琢自己的表現，一層一層疊加情緒，讓阿蓮這個角色在銀幕前更真實，才能說服觀眾，打動觀眾。

電影上映後，好多位影評人都對我的演技給了極高的肯定。我記得《公論報》的林克明（藍冰）說看到了我的聰明和努力肯學，「電影前半部控制嚴謹，後半部的戲則發揮得逼真傳神，關在木籠中的失神之態，臉部肌肉的攣痙，其使人想不到她只有兩部片子的經驗，卻有如此驚人的成績。」作為演員，能得到這樣的讚美當然非常開心，我很高興自己有進步，也很高興自己的努力被看見。

當然，這部片的成功也是因為其他演員的表演也都很出色。像是飾演天成阿姨的鍾瑛，她並不像我是演員出身，而是省黨部文化工作隊出來的。她在片中的壞女人角色表現得又陰險又惡毒，對比之下，讓觀眾更加同情阿蓮這個苦命的女人。而男主角邱清光是中壢人，相處起來也客客氣氣，據說他曾經在日本東寶電影公司工作多年，也有一定的實力。

《瘋女十八年》電影一拍完，隔沒幾天我就上了飛機趕赴香港去拍片，一去就好幾個月，根本沒有時間去戲院看，之後下片了，當然就更沒有機會看了。而令人遺憾的是，和很多台語片一樣，《瘋女十八年》的膠卷早已不知流落在何方，電影資料館努力找了很久也都沒有找到。所以直到現在，我都沒有看過這部被大家盛讚的作品，無從見證自己的精采演出。

自信沉穩親切幹練的白克導演

《瘋女十八年》後來電影和電視都又拍過好幾次。有人說，《瘋女十八年》只有小艷秋能演，這是很大的讚美。但對我來說，《瘋女十八年》也只有白克才能導演。白克導演個子不高，戴著黑框眼鏡，梳著亮亮的油頭，穿著筆挺的西裝，看起來自信沉穩，並且有一股不怒而威的氣場。

聽說他是第一批來接收台灣的官員，負責將日本人留下來的「台灣報導寫真協會」與「台灣映畫協會」合併成台灣省電影攝製廠，還在政工幹校及國立藝專擔任影劇科的老師。可以說白克導演在電影這一塊，不僅學術知識強，實務經驗也夠。雖然是外省人，但因為出生成長在廈門，用廈門話和我們溝通起來很順暢，連帶地就多了些親切感，不像其他的外省人，我感覺比較有距離感。

雖然拍攝期非常緊迫，卻不見白克導演有絲毫的慌張，也沒有因此就比較草率，對所有的細節仍然一絲不苟，相當講究。他自己也說過，台語片是非常可以發展的事業，除了使用的語言不同之外，應該和國語片沒有兩樣，萬萬不可以粗製濫造。

所以儘管在棚內拍攝比較省時，但是《瘋女十八年》還是安排了許多外景，以求真實的臨場感。像是阿蓮被養母送去的酒家，就是在大稻埕的江山樓裡拍攝的。我記得整個劇組也有拉到新聞事件發生的台南拍攝。而內景就都在台製廠裡拍，但是搭景、陳設一點也不馬虎。我印象最深的，就是阿蓮剛嫁進周家，準備洗手作羹湯的一幕。為了強調新嫁娘的愉快心情，營造出輕鬆的氛圍，白克導演特別安排兩隻可愛的小貓咪充當臨演，沒想到小貓也會怯場，花了好久才搞定。

此外，當時國語電影都會在片中插入幾首流行歌曲。許多台語片也有樣學樣，但大部分都是就故事本身，選出傳唱已久的民謠來搭配，像《桃花過渡》就是。但《瘋女十八年》則特別為電影譜寫了新曲，穿插在影片之中，並讓鍾瑛負責演唱，唱片似乎賣得不錯。

。。。

我和白克導演就只合作過這麼一次，但他對我的影響重大，可以說是我電影生涯中最尊敬的恩師。我後來並沒有機會再與他有聯繫，加上我很早就退出影壇，對於他後來的發展遭遇一無所知。一直到二〇〇〇年左右，有一天接到資深影評人黃仁先生的電話，說要製作一本紀念文集，我才知道原來白克導演因為白色恐怖早已不在人世，被槍斃時只有五十歲，過了四十多年才獲得平反。我聽見這個消息後非常震驚和悲痛，即使是現在回想，依然覺得萬分不捨，惋惜我們國家竟然失去了這樣一位英才。後來國家人權博物館曾經舉辦白克導演的紀念展，他的孩子還特別邀請我去參加，一起緬懷這位重要的台語片導演。

我後來也才知道，《瘋女十八年》片中還有另一位演員也是白色恐怖的受難者，是飾演養父楊尾的楊渭溪。他是廈門人，年輕時也演過話劇，來台灣後，任職於台灣省交響樂團，是合唱團裡的男高音，後來又跨足影壇，在白克導演的《黃帝子孫》裡擔任副導演，並兼演片中的老舉人，也在郭柏霖導演的《水蛙記》裡飾演「水蛙公」，能夠樂壇與劇壇「雙棲」，肯定是相當有才華的人。楊渭溪從學生時代就是白克導演的同學、朋友，不知道是不是因為這層關係，才受到牽連。

《瘋女十八年》劇照。

香港行／廈語片的新視野

在香港拍電影的經驗，對我來說真的是一次震撼教育。撇開設備的差異不說，若要形容跟香港人工作的經驗，就是一個「快」字！香港人拍電影真快！真有效率！

國際市場紅極一時的廈語片

在我短暫幾年的電影生涯中，曾經到過香港兩次。第一次是在一九五六年十二月《瘋女十八年》殺青之後，拍攝香港閩聲影業的《雪梅思君》、《姊妹花》；第二次則是在一九五七年十月，拍攝《江湖奇女子》、《愛的誘惑》、《鬼戀》，製作公司是板橋戲院老闆林漢鏞，與菲律賓僑領桂華山合組的華僑聯合影業公司。

你可能會好奇，為什麼台灣人要跑去香港拍片？香港不是都說廣東話，拍的是粵語片嗎？其實，香港也有很多來自福建的移民，廈門、福州、泉州、潮州都有，他們說的話和我們的台語一樣都屬於閩南語，只有一些字詞的發音或腔調稍有不同，基本上都能溝通。所以香港也是有不少人拍閩南語電影，我們都把這些在香港生產的閩南語電影稱為「廈語片」。

不過，有意思的是，「廈語片」的市場其實不在香港，而是在菲律賓、新加坡、馬來亞、印尼、泰國等等這些東南亞國家。在東南亞地區的閩南語系僑民就有

一九五七年十二年，小艷秋在香港相館拍攝的沙龍照。

一千五百萬人以上，嗅到這商機，南洋地區的戲院老闆、商人在五〇年代初期，就紛紛帶著資金來到香港，投入廈語片的製作。國民政府退守台灣後，也有許多福建影人南下到香港，雙方一拍即合，開拓了廈語片的大業。

我到香港，首次要合作的是被譽為「廈語片皇后」的江帆。江帆是泉州人，從小就跟著父親學習南管，有天生的好歌喉，人長得又溫婉亮麗。她在中國演電影逐漸受到矚目後，還繼續學習京劇和話劇，是很有才華的女演員。國民政府戰敗退到台灣，江帆則離開大陸到了香港，正好遇上有意投資廈語片的新加坡片商吳士衡，便和丈夫施振華，及包括胡同在內等多位福建演員合組了「南風影業」。

南風在一九五二年推出第一部廈語片《唐伯虎點秋香》，由江帆和白雲主演，南管名社「廈門集安堂」的成員也參與演出。由於南管是閩南語地區民間最喜愛的藝術，這部電影在新加坡、菲律賓上映後非常受到當地華僑的喜愛，場場爆滿，很快就帶動廈語片的投資和製作。

江帆也因為《唐伯虎點秋香》而一鳴驚人，片約接不完。大家喜歡聽她唱南管喜歡得不得了，無論演什麼電影都是票房保證。《唐伯虎點秋香下集》、《李三娘》在台灣上映後也相當受歡迎。有一年，她還曾隨同勞軍團來到台灣為蔣介石祝壽，也出席許多場的勞軍演出。

後來江帆離開南風影業，被閩聲影業簽下，成為該公司的招牌女星。閩聲影業是由原來在廈門從事經營郵務工作的吳源祥，在一九五五年創立的。閩聲出產的所有廈語片都是由江帆主演，票房成績不錯。李臨秋找上我舅舅和閩聲合作，便是看到台語片和廈語片兩位影后「聯合主演」可以帶來的豐厚票房，本身也寫劇本的他，也想趁此機會到香港尋覓投資方。

和我們同行前往香港的，有一位是李臨秋的朋友、盼望能到香港拍電影的周水泉導演。還有一位是小我六歲，從歌手想轉行嘗試演戲的王瑪莉，她跟著我，讓我像大姊姊帶小妹妹一樣，一起勇闖香江。

第一位赴港拍片的台灣女星

當年還是反共抗俄的戒嚴時期，出入國境並不像現在辦好護照就可以輕鬆通行，要經過好幾個行政關卡，繁瑣得很。由於這是台灣第一次有明星去香港拍電影，從遞交申請、提出證明，到政府各部門的審查，更是一層又一層都不容許馬虎。最後一關，我們還得向警總呈報，來來回回相當折騰。

所幸在許多人的幫忙下，一九五六年十二月四日我們搭上了國泰航空的班機，從松山機場飛往香港。那時台北飛香港還沒有現在那麼快，我沒有坐過飛機，心情有些緊張也帶著興奮，飛了將近四個小時後才抵達。

飛機徐徐降落，在跑道滑行了好一陣子才停下。等到飛機轟隆隆的引擎聲沒有了，就聽見外頭鬧哄哄的人聲傳了進來。我解開安全帶，起身跟著大伙走向艙門。當我一步出機艙，看到閩聲公司來了一大群人，在飛機底下迎接我們。剎那間，大片掌聲響起來，夾雜著熱情喊我名字的聲音，「小艷秋！」「小艷秋！」「哇，本人好漂亮！」

來迎接我的，不僅僅是閩聲公司的職員，老闆吳源祥伉儷更親自到機場來，還有他們的雙親和孩子們，全都笑臉盈盈地向我問好。江帆也穿著一襲曼麗的旗袍，對我獻上鮮花，和我說「歡迎！歡迎！」我也回報她一個燦爛的致意笑容。

十二月的風大，吹得我頭髮都亂了，機場的冷風更是直接灌進我單薄的西裝外套裡，凍得我全身直發抖，但是閩聲公司大夥這麼大的熱情和誠意，卻讓我的心裡

1956.12 月，小艷秋初抵香港，是台灣首位到香港拍攝廈語片的女演員。

充滿了無限的溫暖。

。。。

閩聲公司算是很疼惜演員的，大手筆讓我們入住銅鑼灣的國泰酒店。不料，就在影片開拍前幾天，卻冒出讓我至今印象深刻的幾個小風波。

首先是，我們還住不到兩個禮拜，國泰酒店就發生了女子跳樓的事件，頓時人心惶惶。所幸同一部戲的演員，廈語片資深男星胡同，在片場附近有間房子可以出租給我

《雪梅思君》劇照，前起小艷秋、江帆、瑪莉。

和瑪莉。雖然他的住處比不上氣派的酒店，但也相當舒適，而且這房子離片場不到三分鐘的車程，省下舟車勞頓的時間正好用來補眠，倒也是個不錯的安排。

再來，則是比較敏感的戲份問題。即將開拍的《雪梅思君》，其實是江帆在一九五五年主演、改編自民間故事「七世夫妻之商琳與秦雪梅」的《雪梅教子》續集。飛來香港前，李臨秋再三對我們保證，這兩齣戲約裡，我和江帆是「聯合主演」，也就是兩人都是女主角。但我翻開劇本，上頭卻註明主角雪梅由江帆飾演，而我作為雪梅的妹妹愛玉，戲份明顯弱了一大截。這是我不太能接受的情況，畢竟說的是聯合主演，我人都來到香港了，還是希望能平起平坐。於是便請李臨秋幫忙反映，讓閩聲看看能不能把劇本調整一下。

只是沒想到這事讓報紙知道了，登出好大的報導，不僅渲染成我和江帆反目，還寫我鬧說「不拍了，要回台北。」這完全是子虛烏有的事情。事實上，閩聲公司對於我的意見很積極處理，江帆和我也始終是客客氣氣的往來。台港第一次合作，雙方都在彼此試探和摸索，覺得有不對勁的地方就提出來，大家相互溝通，哪有那麼嚴重呢？

大開眼界的拍攝環境

我們在香港拍片的地方叫做「鑽石山」，這名字多美啊，一聽就像在閃閃發光。一九五〇到七〇年代，鑽石山聚集了眾多電影製片廠，生產出大量的國語、粵語、廈語電影，也讓香港擁有「東方好萊塢」的雅名。不過這座小山頭曾經是開採花崗岩的礦場，和鑽石其實沒有關係。

廈語片《亂世姊妹花》（又名：姊妹花）劇照。小艷秋（左）與廈語片著名演員胡同（中）的對手戲。

閩聲公司合作的大觀片場就位在鑽石山下的隧道旁。片廠雖然規模並不是鑽石山最大的，但對初來乍到的我來說，彷彿也像劉姥姥逛大觀園般，沒有一處不驚奇。因為大觀片場光是攝影棚就有三座以上，每一座的面積更遠比一座操場還大，完全不是台灣的台製廠、中製廠可以相比的規模。

當時的香港電影幾乎都在攝影棚內攝製完成。這個攝影棚裡陳設了近百種逼真的佈景，有可拆卸的木板，也有各種栩栩如真的掛布，隨時可以更換和修正。待在裡頭，你可以住在古時候的宅第或是現代的公寓、可以走進熱鬧的大街或是穿過幽暗的小巷，甚至要爬上樹木茂密的山間或是躺在豔陽下的的海邊，全任由你恣意穿梭。

棚內高度有兩層樓高，我常看工作人員爬上爬下，忙碌得很。棚內也有好幾個隔間，隔音效果都很好，所以同一座攝影棚可以同時進駐好幾個劇組，同時拍攝好幾部影片也互不干擾。

我在香港拍電影的經驗，對我來說真的是一次震撼教育。撇開設備的差異不說，若要形容跟香港人工作的經驗，就是一個「快」字！香港人拍電影真快！真有效率！他們之所以「快」，我想是因為廈語片早台語片發達幾年，已經累積豐富的拍攝經驗。像與我合作的導演陳煥文、陳翼青，他們其實都不會說廈語，但過去在上海已經拍過好幾部國語電影，比起台灣導演，已經自成一套非常流暢的作業流程。演員也是，無論是合作的江帆、黃英、胡同、王清河、小娟（凌波），每一位都已經演出超過十部以上的電影。

今天會在哪些場景前拍攝、需要哪些道具、要拍哪些分鏡、演員的服裝和妝容是什麼、幾點要遷到下一個場景……所有工作細節都一清二楚。現場的職員也分工明確，各司其職，像是工廠的生產線，時間一到就開始運轉，一個鏡頭接著一個鏡頭，啪達啪達的很快就完成。而且現場直接可以收音，無須後續再進錄音室。以我的經驗，當時在台灣拍一部電影至少需要兩個月，而且還是以非常克難的方式完成，但在香港，不出兩個禮拜就可以殺青。

我也發現他們的電影劇本進步很快。印象中廈語片的劇情都還挺有意思。第一次到香港我拍了《雪梅思君》和《姊妹花》，兩部都是古裝片，故事都從舊電影延續或是改編來的，片中也演唱了許多首南管和小調，這在當時的廈語片應該是標準設定。但隔了一年再到香港已經出現了時裝劇，拍的三部片中有兩部是原創的故事。

小艷秋與廈語片小生黃英
主演《愛的誘惑》。

《江湖奇女子》（又名：金錢與
愛情）劇照。桌子左起為丁虹、
胡同、小艷秋。

《愛的誘惑》相當反映當時香港的狀況，影片講的是中國各省份的人到香港找尋失散的親人；《鬼戀》（又名《人鬼戀》）則是青年畫家與女鬼日久生情，並替她洗刷冤情並復仇的故事。最有趣的就屬《江湖奇女子》（又名《金錢與愛情》）。我在片中一人演兩個角色，一個是賣藝的，另一個是可憐的歌女。這部是《啼笑姻緣》裡的故事改編的，因為有許多兩個角色同時在場的鏡頭，還得拆成左半、右半邊拍攝，剪輯時再將膠卷疊合在一起。

在陌生的香港街道上找回久違的平靜

雖然香港電影拍得快，我卻仍有許多時間都是在「等待」——等片商說資金到位了才能開拍。所以我在香港待的時間遠遠超過原來的預期，第一回就待了四個月又十天這麼久。

那時因為停工，吳源祥就替我在九龍租了一間套房。我一個人住在陌生的地方，難免害怕，他的夫人陳嘉聰就每天過來陪我過夜，我倆也因此成為好朋友。嘉聽個性溫柔貼心，我們經常一聊就是整個通宵。她本身是英文老師，有時她沒什麼事做，我就請她教我英文，從ABCD認字母開始。她也教會我好多首英文歌，我們當時最喜歡唱的是美國歌后派蒂・佩姬（Patti Page）的〈田納西華爾滋〉（The Tennessee Waltz），常常一邊唱，一邊就手牽手跳起舞來。

白天若有閒暇，我也喜歡跟著嘉聰去逛街。在台灣我就喜歡上委託行買衣服、買化妝品。香港並沒有限制舶來品，滿街都是進口的商品，讓我像是到了天堂，簡直買瘋了。直到現在，我手邊都還收著好幾件在香港買的洋裝，從來沒有穿過，卻寶貝得不得了。

吳家上上下下也待我如家人，經常邀請我上他們家吃飯。別看吳源祥是電影公司的老闆，其實他的住家也不過是間簡樸的公寓，既不豪華也稱不上氣派。但他的老父母相當慈愛，一雙兒女也天真可愛，知道我和他們一樣本姓吳，就讓孩子們叫我「艷秋姑姑」。

我跟人互動一向慢熟，跟導演、演員也僅是點頭之交，在片場遇見微笑寒暄，下了戲基本上就沒有任何往來。我個性內向，面對人多的交際場合，雖然表面上看起來落落大方，但內心其實很不自在。因此說來也幸運，以我當時的地位，已經完全不需要和人應酬來爭取演出機會。如果我想要多拍戲，即使是以我一貫的被動作風，片子也早已應接不暇。電影公司知道我的個性，也不會為難我去交際，頂多是節慶或放假時，邀請那些在東南亞經營戲院的華僑老闆、發行商，大家一起上夜總會吃吃飯，跳跳舞。

記得曾經去過一家麗池夜總會，外觀看起來只是普通的樓房，但一走進去裝潢卻非常華麗，塞滿了喜歡夜生活的客人，有空調系統的關係，待在裡頭相當舒適。通常夜總會有一個大大的舞池，舞池旁林立餐桌椅，賓客可以一邊用餐，一邊欣賞樂隊的演出——通常是菲律賓來的樂隊，興致來了，就下舞池跳舞。這是在台灣沒有的生活體驗。我第二回到香港，忘了是劇情需要還是我們自己有興趣，我曾帶著三個台灣年輕後輩丁虹、林慧和鄭玲，到一家名為「香檳」的夜總會，請老師教我們跳交際舞。我們四個人正好湊兩對，我總是負責當男舞伴。

上：1956.12.25 聖誕節在香港。左起：瑪莉、小艷秋、吳源祥夫人陳嘉聰、江帆、吳源祥。

下：1957.1.1 香港 樂宮樓 。左為小艷秋、中間是李臨秋、右二為周水泉、右一瑪莉。

《愛的誘惑》劇照，片中為時裝。

人家說「欲窮千里目，更上一層樓」。我走了兩趟香港，在外界眼中，我已躍升為國際影星，地位更不可同日而語了。然而香港行對我來說，最大的意義反而是我從加入日月園一路滿檔的演戲，到一部接著一部的電影，那疲憊不堪的身心，總算可以趁著在香港短暫的空檔稍微得到喘息。

走在香港這燈紅酒綠、節奏快速的大城市裡，耳邊聽到的是陌生的粵語，眼睛看到的是誰也不認識誰的路人，讓我不時感覺到自己的渺小和普通。然而這樣的疏離感，卻也使我感到久違的平靜。

片約不斷的台語片第一女主角

石軍像是做錯事的小孩，低頭縮著肩膀，手指向導演，小聲對我說：「是導演叫我要給妳親下去的啦！」

《火葬場奇案》部分演職員合照。後方最高的男性為陳揚，左二為導演梁哲夫。

接踵而來的拍片邀約

《瘋女十八年》讓我成為了家喻戶曉的台語片影后，而頂著「第一位赴港女星」的光環，整個人又像鍍上一層金，聲勢水漲船高。一九五七年四月回台灣，我前腳才剛下飛機，幾家片商早就捧著劇本和合同，在我家門口守株待兔。

當時還沒有經紀人制度，和片商接洽電影檔期，到決定片酬，最後簽妥合同，過程中不論大事小事，方方面面都得靠我自己應對打理。所以我在拍片之餘，還得擠出時間和各家片商見面協商，簡直是一刻也不得喘息。

我當紅的時候，在別人眼裡大概就像是高高在上的女王。我並不需要像別的女明星去應酬，找我拍片的片商也不會和我砍價，我也不需要去試鏡才能接戲。甚至，當一般明星的片酬一部只有幾千塊時，我的行情就已經都是一萬元起跳。在當時，像我這樣什麼也不用做，坐在家裡就有一拖拉庫戲約上門的女明星，真是少之又少。而且要拍哪一部、不拍哪一部，選擇權都操之在我。我可以挑選有票房潛力的劇本、指定有經驗的導演，甚至要求男主角要找誰演，片商也都不得不參考我的意見。

但是，雖然看起來又跩又大牌，我其實是個心腸很軟的人，面對這麼多一個接一個跑來「艷秋小姐，拜託拜託啦！」的人，總是讓我好為難，拒絕也不是，答應又很勉強。就這樣，從香港一回來，我就被「拜託！拜託！」馬不停蹄地連軋了三部電影。

岩澤庸德操刀的長河影業創業作——《阿蘭》

第一部開拍的，是來自長河影業的《阿蘭》。

那時長河影業剛成立，老闆郭鎮華除了要拉抬聲勢，大概也因為自己是東北人，曾和「滿映」有過來往，先是大聲宣布要製作三部台語片，對外招考演員，更特別重金禮聘日本導演岩澤庸德、田口哲到台灣來執導。

其中，岩澤庸德導演在日本老字號的松竹電影公司工作了將近二十年，從劇務、場記，慢慢走到了導演的位置。這回他和長河簽下《紅塵三女郎》與《阿蘭》兩部戲約，還帶了在大映京都攝影所工作過的攝影師宮西四郎，和燈光師浩島繁義一起來台。當時台灣無論是本省或外省籍的導演、攝影師，電影拍攝的經驗可沒有一個比他們資深。顯然除了製造話題外，長河對於自己的創業作品，也有很高的期待，希望透過這幾位日本名師，拍出令人眼睛一亮的台語片。

《紅塵三女郎》我沒有參加演出，影片拍攝時我人還在香港。這部片不知道是租不到片廠，還是刻意要求寫實，聽說整部電影全是外景和實景，去到了大稻埕、龍山寺這些台北知名景點取景。我們合作的《阿蘭》，說也奇怪，故事的內容我現在已經完全沒有印象了。看資料上描述的劇情，是當時常見的身世可憐女孩的悲情故事。我演的阿蘭是一位純樸的採茶姑娘，到富裕人家當下女，因而愛上英俊的少爺，自覺高攀不起後，離家出走到酒家工作。最後意外在酒家與少爺重逢，卻被一旁嫉妒的酒客刺殺身亡。」

《阿蘭》報紙廣告（《聯合報》1958/1/29）。

當時的報紙讚美《阿蘭》是「空前未有的哀感頑豔愛情倫理大悲劇」，是台語片的《亂世佳人》和《茶花女》。我只記得岩澤庸德導演個性溫和但嚴謹，和我童年遇到的日本人形象很接近。我因為以前學過日語，和他們溝通流暢，甚至還帶點親切感。

這部《阿蘭》比較值得一提的，應該是其他合作的演員。自我從香港回來，發現台灣出現了好多電影新明星。他們和我這種從新劇或歌仔戲出身的演員不同，大多是電影公司招考和徵選進入到電影圈。像是《阿蘭》裡的游娟、方紫、江繡雲就是從上千名報考者中脫穎而出的新進演員。他們雖然有公司提供的專業表演指導，但畢竟都是頭一兩次演戲，相較我們這些在劇場打滾多年的演員，還是有股生澀之氣。

另外，則有一些是意外跨進電影圈的。像是《阿蘭》的男主角石軍，就是頭一回演電影。說來有趣，他和我同年，其實是個讀書人。他從成功中學畢業後，白天在東方出版社擔任青少年書籍的日文翻譯，晚上在行政專校進修，本來跟影視圈根本搭不上邊。不過，因為他精通台日語，被長河請來為《紅塵三女郎》擔任翻譯和場記。當時《阿蘭》即將開拍，公司苦尋不到合適的男主角，時間的壓力下，發現他外型好看，就帶他來與我見面，評估能否擔綱男主角。

在長河安排的一場飯局裡，我見石軍長得溫文儒雅、書卷氣十足，眉清目秀、英俊挺拔，就覺得他在銀幕上撐得起場面。而且，他應對謙虛和善，氣質出眾，的確是文藝片小生的料。當下，我就點頭對長河的製片說「可以！」。於是，我們台語片圈就誤打誤撞，多了這麼一位生力軍。

石軍表現不俗，憑著處女作《阿蘭》就入圍了《徵信新聞》台語片影展的最佳男主角，之後更成為「台語片四大小生」之一。一段時間以後，我看了報導才知道，原來當時石軍演戲緊張得很，只要聽到導演喊「Action！」攝影機「嘎搭嘎搭」轉動的聲音響起，他就心臟跳得飛快。但我們演對手戲的時候，我並沒有注意到他是這種心情。

關於石軍，我倒是還記得一個小插曲。我倆在《阿蘭》片中飾演一對戀人，那時無論是吻戲、床戲，基本上都是借位拍攝，男女演員在現場並沒有像在銀幕上看到的那麼親近。但是有一場談情說愛的戲，劇本只寫到我倆深情對望，表達雙方的濃情蜜意。在拍攝時，明明已經對望了好久，導演卻遲遲不喊停。等到我都覺得快要看僵了的時候，石軍突然將身體往我貼過來，頓時我們的臉龐近得相隔不到一公分，就差嘴沒碰上了。我心裡一陣訝異，但仍秉著專業保持鎮定，過了幾秒鐘，導演才喊了「卡」。

「你幹什麼？」我馬上臉色一變把他推開。只見石軍像是做錯事的小孩，低頭縮著肩膀，手指向導演，小聲對我說：「是導演叫我要給妳親下去的啦！」看他進退兩難、非常苦惱的樣子，我也忍不住笑了出來。

那時台語片大受歡迎，產量越來越多，民間的電影公司也一家一家冒出來。但是他們通常沒有能力自己拍攝，總得委託像是台製、中影這些公家製片廠製作，用的也是製片廠的器材和人力。我軋的第二部電影、明星影業的《海邊風》就是這樣，導演田琛、攝影師方壯猷都是中影的人。

《海邊風》報紙廣告（《聯合報》1957/10/5）。

《海邊風》也是一部鄉下女孩子苦命的愛情故事，不過這部片的結局是好的。在片子裡，我所飾演的女主角小梅，際遇百轉千迴，她是來自漁村的女孩，父親反對她與青梅竹馬的窮男友來往，把她嫁給村子裡的富家子。丈夫販毒入獄，父母相繼離世，小梅到紡織廠當女工，幸運遇見前男友，卻險些被領班侵害。不得已，她又到酒家當服務生，被前男友誤會不貞，可憐的小梅到海邊想要自盡，最後一刻才誤會盡釋，與前男友有情人成眷屬。

這部片的男主角是田清，一起參加演出的還有《桃花過渡》的林金炎、《瘋女十八年》的鍾瑛，以及陳茵和汪萍。如此的演員陣容，讓影迷非常期待，尤其是我與男主角田清的對手戲，大家都說，總算盼到台語片的影帝影后同台飆戲了！

因為田清和我一樣都是新劇演員出身，演技自然不在話下。他的鐘聲劇團曾經獲得地方戲劇比賽話劇組的冠軍，口碑非常好。當年田清看到《薛平貴和王寶釧》等歌仔戲台語片的成功後，就一直想拍出台灣第一部的台語時裝片，於是將歌謠〈雨夜花〉的故事改成電影劇本，找來他們退休三年的花旦小雪一起演出。果然一炮而紅，戲約滿檔，應該可以說是我們那時台語片小生中最轟動的一位，還聽過有人封他是台灣的尤伯連納（Yul Brynner）。

都找來了這樣的卡司了，田琛導演不好好發揮怎麼行呢！他那時候剛拍完國語片《夜盡天明》，《海邊風》是他第一部台語片。雖然可以在中影拍內景，但還是安排了好多外景，福隆海水浴場、中山橋、碧潭……。最累人的莫過於南方澳海邊了，那時可是夏天，炙熱的豔陽烤得我汗水直流，全身黏膩，卻又得穿著旗袍，楚楚可憐地趴在沙灘，等待田清出面營救。

拍攝外景總是比內景奔波和耗時，而且此時這我也敲定了與僑聯影業在香港的三部戲約，起飛日期不容延後。因此儘管明星影業的監製翁連發、製片林啟東，都發下豪語說這部片子要立下台語片的標竿，「絕不粗製濫造、絕不添配不合劇情的插曲、絕不無理的控制時間」，但印象中，仍然是「趕！趕！趕！」，拍得昏天暗地，疲累不堪。

台語電影颳起「奇案風」——《火葬場奇案》

大概從《運河殉情記》、《瘋女十八年》開始吧？台語片颳起了「奇案風」，出現了很多改編新聞事件的電影，票房更是驚人得好，我拍的《火葬場奇案》也是這樣的路數，這部片也是來自廣東的梁哲夫導演，在台灣拍的第一部台語電影。

說起梁哲夫導演，我倒覺得他的人生，本身就比電影還傳奇。聽說他曾經作過美術老師，又因為戰爭而從軍，在軍中當劇團導演。戰後到香港，除了幫電影院設計廣告看板，也開始進入片場，作粵語片的場記、副導演、編劇、導演。

我是四月十四日從香港回到台灣的，他則早我一個月跟著作曲家堂哥梁樂音，隨勞軍團來台灣旅行，結果因為盲腸炎緊急開刀。還在台大醫院住院躺著呢，竟然就被剛開業的台灣片商找上，一口氣簽了三部片《火葬場奇案》、《添丁發財》、《誰知失戀真艱苦》，其中《火》和《誰》就是我主演的。後來，我又與他合作「第一部武俠台語電影」《羅小虎與玉嬌龍》，可說是緣分匪淺。

梁導演就這麼在台灣定居了下來，拍了超過百部電影。直到現在，我仍然能記得他那像枝竹桿子的瘦高身形，凹陷的臉頰帶著和善的笑意，在我身邊對我說著「艷秋小姐呀」、「我的大小姐呀」、「拜託妳啦」，拚命邀我當他電影的女主角。直到我都退隱了，他和後來的搭檔、台聯製片賴國材，都還跑來台中找過我幾次。他那一口「廣東國語」，我是經常有聽沒有懂，可現在想起來倒也挺懷念的。

受過港式訓練的梁導，也承繼著香港影圈的「快」，把那一套用大表規劃每日拍攝行程的工作模式帶進台灣，被大家封為「快手導演」，同時，他也知道觀眾的喜好，拍的每一支片幾乎都相當賺錢。

《火葬場奇案》報紙廣告（《聯合報》1957/12/1）。

我們這部《火葬場奇案》，標榜著「台灣第一部恐怖緊張倫理大悲劇」。我所飾演的女主角陳翠英，遭媒婆設計，嫁給了罹患肺病的王海明。婚後某日，海明的哥哥海青返家，與翠英兩人一見鍾情，產生曖昧的情愫，也使得兄弟倆爭風吃醋了起來。

在一次爭鬥中，哥哥誤以為被自己打昏的海明已死，草草將他入棺送至火葬場，怎料弟弟在火葬場中甦醒了過來，偷偷潛入家中要向海青報仇，卻不慎從樓梯摔落而死。此時，警方也上門盤查，掏出手槍要將哥哥逮捕，倉皇逃走的海青最後墜崖身亡，而陳翠英也被銬上手銬，關進監獄伏法。聽起來灑狗血的劇情，但「死屍復活」、「人鬼護鬥」等令人料想不到的情節，在當時還是很有吸引力。

《火葬場奇案》飾演哥哥的男主角陳揚，是亞洲演員訓練班出來的。他和白蘭主演《港都夜雨》後一舉成名。陳揚的外型當然是帥氣，但比起石軍又更陽剛一些，因而戲路更廣，經常飾演反派角色，讓觀眾對他又愛又恨。

。。。

走紅之後的最大體悟是「疲累」

對很多人來說，拍電影是偉大的，是夢想，是藝術，但對我而言，就只是一份工作罷了，而且是一份身不由己的工作。

片子還沒拍完，後面的戲約早已排滿；接了一部片後，別的片商照樣來敲門；你說檔期沒辦法安插，他們說「沒關係，會想辦法！」硬是要擠進來。你答應也不是，拒絕也沒辦法，猛然一抬頭，才發現生活全被工作占滿。影片軋在一起，全台灣的片場跑透透，上午演採茶女，下午演酒家女，晚上演孤女，三天三夜都沒辦法睡覺。

儘管在片場，無論是導演、劇組人員，對我都是非常尊敬，和其他演員雖然僅是點頭之交，但互動也都客客氣氣，相處融洽。只是，每日這樣的趕拍，所有的情緒只剩下一個「煩」字；無論是我的心、我的身體，除了「疲累」之外，也不再有其他的感覺；對於任何人、任何事，更是提不起興趣。

你說，在《徵信新聞》主辦的第一屆台語片影展中，我以壓倒性的票數榮獲觀眾票選銀星獎第一名，但我人在香港，只好缺席這場難得的盛宴。你說，才從影兩年，我就買了民族路上的兩層樓房子，但你知道嗎？我根本連回家睡個好覺的時間也沒有。你又說，我屢屢在《影劇周報》中拿下最受觀眾喜愛的女星，影迷寄來的信件不計其數，堆滿整間屋子，但我連拆封的力氣也沒有，想到看了信還要回覆，那更是不想面對。

其實拍電影不像以前演新劇，在演出的當下就能直接感受到觀眾的反應，現在隔了一層銀幕，像是架構出了兩個截然不同的世界。別人看我是天上閃著光芒的美麗星星，但可曾想過，星星距離地面那麼遙遠，在夜空中會是多麼的孤寂呢？人們期待著星星發光，但又是否想過，星星的光來自於燃燒自己，發光的代價，其實是對自身的消耗啊。

所有別人眼中的成功，對我來說，好像都沒有意義。報上說我對事業有野心、有展望，準備要籌組「艷秋影業」……根本沒這回事，那只是李臨秋給我舅舅出的主意。因為太多人來找我演戲，我一直都是自己接片，沒有從屬於哪一個電影公司，賺的也就是我自己作演員的片酬。李臨秋大概是希望借用我的影響力，開設一家以我為號召的公司，吸引投資，然後拍自己想拍的電影吧？但我都快忙壞了，完全沒這意願，而且舅舅光是投資我去香港，就把基隆的戲院賣掉，最後也沒有回本，我離開日月園後劇團也逐漸沒落，後來轉手給他人經營，說實在話，我們沒有那個能力經營自己的公司。

。。。

其實我很不喜歡接受媒體採訪，一是怕生，二是沒空。但記者們常常跑到片場或我家門口說要專訪我、要問我問題，你答應了一個，其他家又吵著說不公平……所以我總是低頭，說「對不起，我沒有空！」來打發他們。

倒是有位叫做司馬芬的記者讓我印象很深，他很紳士，聽到我說「沒空」就不會再死纏爛打，很尊重人。於是有次我接受了他的專訪，只是全程我都板著臉，冷冰冰的模樣。他問我：「艷秋小姐啊，妳怎麼都不笑呢？」我聽了很火：「我的命這麼苦，一出生就被送去作養女，沒有人愛我，把我送去演戲，每天過得那麼累，有什麼好笑的？根本沒有開心的事情，我笑不出來。」但忘了結束時他說了什麼笑話，還是把我逗笑了，他馬上拿出相機：「妳要笑啦，妳笑起來很漂亮。」

後來我看到他在報導裡寫「小艷秋一笑傾城」，覺得非常感慨。縱使我是當時台灣首屈一指的台語片女明星，縱使有著足以傾城的笑容，但我覺得，自己還比較像是田裡的水牛，埋著頭，日復一日耕耘著一畦又一畦、無止境的鏡頭，而且後頭總有枝無形的鞭子催促著我「快！」「快！」「快！」怎樣也不得歇息。

但是，我究竟是為誰辛苦，又為誰而忙呢？

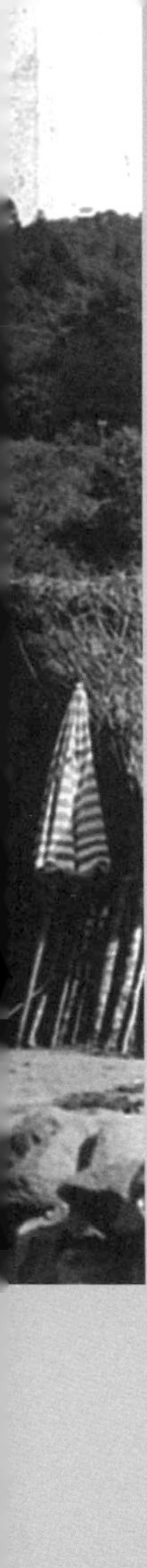

《合歡山上》的第一次

《合歡山上》是我第一部國語片，讓我擁有許多「第一次」：第一次坐直升機、第一次在山裡待了一個多月、第一次遇見原住民。

第二次從香港回來仍然不得清閒，接續拍了《秋怨》、《明知失戀真艱苦》等電影。在趕拍的過程中，還出了場小車禍。那天傍晚，我和弟弟坐小轎車從桃園回台北，路程中突然下起傾盆大雨，視線不清。為了閃躲迎面而來的一輛大卡車，我們的轎車撞上了右邊的行道樹，車窗破裂，也傷到了倚著右側車窗的我。頭部和右耳只有微微擦傷，倒是下巴比較嚴重，緊急送醫縫了幾針。當時有好幾天臉腫得像豬頭，連張嘴說話都有點困難，好在整體並無大礙，後來也沒有留下明顯的疤痕，算是老天保佑。

第一部主演的國語電影

就在這個時候，華僑影業的製片楊復來找我洽談電影，只是這一次談的不是台語片，而是國語片。楊復的哥哥楊新國是空軍背景，剛出任中製廠長，和林漢鏞旗下的台灣華僑公司打算籌拍一部以東西橫貫公路為背景的電影。

這貫穿台灣東西部的公路，也就是我們常說的「中橫」，政府為了國防需要，還有開發山區資源，從一九五六年開始就如火如荼地開路，而開路的大功臣，則來自一百多萬名的退除役官兵，一直到一九六〇年才通車，所以我們拍攝的時候，其實還沒有完工。

這部名叫《合歡山上》的國語電影，原來的出發點是宣揚政府在中橫的建設，也表彰辛苦開路的榮民，但如果只是這樣，那新聞片也做得到不是嗎？要拍商業電影，最首要的，仍然是有好的劇本和明星，把宣傳藏在動人的故事裡，讓觀眾在看電影的過程中慢慢被打動，這樣才聰明，你說對不對？

《合歡山上》的導演潘壘就做到了，雖然這是他第一部執導的電影，但他本來就是作家，電影劇本也由他操刀，《合歡山上》被他編導成了一部「東西橫貫東路寫實愛情國語巨片」。電影講述一位外省籍工程師梁家豪（周經武飾）和一對原住民姊妹愛蘭（小艷秋飾）、愛薇（錢蓉蓉飾），因為開路工程而在合歡山上相遇的故事，而在情愛糾葛間，也自然地將開鑿公路的情形，以及中橫公路的風光穿插進畫面中。

楊復說，知道我的國語說的不錯，希望能藉由我的演出，吸引更多台語片的觀眾來看這部電影，他開出了很好的片酬，我也覺得可以試試看，於是就答應了。有些報紙寫小艷秋「晉升」演國語電影，但對我來說，國語片或台語片並沒有誰高誰低，雖然台語片相較國語片，資源是稍微克難一點。

一九五八年六月十八日下午，《合歡山上》舉辦開鏡典禮，這場開鏡典禮由參謀總長王叔銘上將主持——通常開鏡典禮並不是典禮結束就馬上開拍，比較像是一個儀式。片商會請算命仙選定良辰吉時，準備大魚大肉，邀請所有的演職人員齊聚一堂拜拜，向神明祈求拍攝順利。通常典禮前，也會讓所有的演員定裝，難得所有演員都在現場，片商也會邀請媒體記者前來採訪，所以開鏡典禮也算是一種宣傳活動。

典禮之後，大夥就驅車南下台中，準備明天直上合歡山，這也是在都市成長的我，人生第一次上山。《合歡山上》的故事與拍攝場景，是泰雅族的佳陽部落，位置差不多是在大甲溪上游左岸，北合歡山的山麓，海拔約一千四百多公尺的沖積扇。坐著車子一路往山上走，沿路所經地形曲折，開路工程還在進行中，可以看到榮民使用的是鐵鍬和石鑿這些簡陋的工具，相當辛苦。

然而，因為劇組人員還在佳陽部落趕著搭景，所以一開始，我、錢蓉蓉、文玲三位女演員，先借住在平等村派出所宿舍，而其他演員和工作人員，則在平等國校裡打通舖，打算等到景搭好後再入山。後來收到可以入山的通知，但又聽說路況危險，不建議開車入山，最後我們是輪番坐直升機，這樣一趟一趟「飛」進去的。

佳陽部落——接近原住民族

當時還在佳陽沖積扇上的舊佳陽部落，有幽谷，有溪川，還有一座吊橋。進到部落裡，也沒有覺得特別「原始」，因為基礎的建設都有，而且氣氛很熱鬧。工作人員已經把我們的住處搭建起來了，是用木板架起來的房子，上面鋪上厚厚的茅草，地面上則架高舖榻榻米。戲中的教堂和學校場景，印象中都是直接和原住民朋友借用。

泰雅族的佳陽部落，據說在過去是反抗日本統治最頑強的部落。日本人曾邀請

《合歡山上》於泰雅族佳陽部落拍攝，小艷秋與當地居民合影。

泰雅勇士們到佳陽沖積扇談和，卻在酒宴後將他們集體殺害，使得這裡從此有了第二個名字「惡魔島」。一開始我和錢蓉蓉聽聞了「惡魔島」的故事很害怕，晚上還拜託一位工作人員睡在我們女生房和男生房的中間，幫我們壯壯膽。

而這是我第一次見到原住民，其實內心也非常好奇。他們的膚色比我們黑，五官也深邃許多，全身上下都穿著自己手織的傳統服飾，有些人臉上還有紋面。看著我們一群人拍電影，忙進忙出的，很興奮地在一旁探頭探腦、說著悄悄話，但因為講的是族語，和我們不太能溝通，都得透過村長或是警察來翻譯。

記得族人們手藝都非常好，屋簷下擺著一個個小攤賣他們手做的衣服和飾品，看起來相當別緻，我當然馬上拿出錢包捧場。電影裡我們的服裝，除了洋裝之外，多數也都是和他們購買的，身上背的竹簍、嘴上吹的口簧琴，也都是向他們商借的，有好幾場戲也邀請了他們來當臨時演員，比如說片中的豐年祭，就集結了將近百人，圍著火堆一起唱歌跳舞。雖然語言不通，但感覺得到都是很善良很純樸的人，相處起來很開心。

我在片中演的是原住民，為求真實，我也光著腳丫在樹林裡跑來跑去，在小米田裡摘採小米，在溪邊打魚洗衣，還要在崖邊和男主角談情說愛，唱情歌。雖然山裡的氣溫涼爽，赤腳走過岩石和泥土仍然炙熱，而全身浸泡在湍急的溪川裡，一下子就感到寒冷。一個城市裡的時髦姑娘，在這裡可真是徹底體驗到什麼叫做「跋山涉水」了。

《合歡山上》劇照。小艷秋在片中飾演與外省開路工程師相戀的原住民女孩。

不過《合歡山上》這部片因為有國防部的資源挹注，使得我們待在佳陽部落的一個多月雖然與世隔絕，卻過得相對便捷舒適。三餐都有廚師打理，食材有山下的蔬菜水果，也有山上烤得香噴噴的山豬肉。而為了我們，國軍弟兄們還扛了好幾台發電機上山，夜間也都有軍官在周邊巡邏。

我們整個劇組大約有四十人。在演員中，除了我和文玲之外，其餘都是外省人，對話也就都使用國語。大家聚在山上一個多月，有點像是大學生參加社團活動，二十四小時都生活在一起，也從陌生人變成朋友。

印象中，潘壘導演就是個好好先生，並不嚴格，很尊重我的表演。飾演我妹妹的錢蓉蓉眼睛圓圓大大，個性也和片中的設定一樣活潑大方。

她當時還在讀藝專，會唱歌、會跳舞，挺有才華的，因為家裡有投資這部片，而幸運獲得這第一次演電影的機會。男主角周經武好像待過軍中的話劇團，瘦高的身材和知性的氣質，很襯他一身襯衫、牛仔褲、皮靴和長槍的裝扮。

後來主演《貂蟬與呂布》的武家麒，在《合歡山上》飾演周經武的同事，在雜貨店和文玲眉來眼去，在當時就相當帥氣了。不過片中最令人意想不到的一角，就屬後來到義大利留學的知名大導演白景瑞了。他當時還是以「白擔夫」為筆名的影劇記者，大概是和潘壘關係也不錯，在片中飾演一個傻裡傻氣的癩痢頭，算是搞笑的角色。戲外，他也常逗大家開心。

每天晚上一片漆黑，沒有事情做又睡不著，除了望著星空發呆之外，大家最喜歡圍在一起，聽潘壘導演講戲，或是隨意的漫談，興致來了更會唱歌、跳舞。我記得他們外省人最喜歡吃辣椒、麵疙瘩，我本來是不愛吃的，到後來也跟著吃習慣了。所以說，拍這部電影真的有很多新鮮的體驗，雖然因為颱風的關係，有下過幾場暴雨，造成拍攝工作、或是食材的運送有些不便，但在我的記憶裡，並沒有被「困」

在山裡，或山上很無聊的感覺。辛苦當然是有的，但覺得一切都很特別、很有趣。

「真的只有這一次喔」

《合歡山上》是我第一部國語片，讓我擁有許多「第一次」：第一次坐直升機、第一次在山裡待了一個多月、第一次遇見原住民。電影拍完後，大概是覺得我們台灣國語吧，片商還是找來廣播主持人配音。接著，等到電影上映後，又幫我們安排了好幾場的登台表演。

我一般是不參加登台表演的，一是忙，根本抽不出時間來，二是我總覺得，演員的工作就是演戲，在電影拍完就結束了，如果到戲院是演話劇那也就罷了，但這登台表演通常都是宣傳導向，要吸引觀眾買票看電影，在電影開場前上台說說話，電影放到一半，還要出場唱首歌、跳支舞，讓我覺得有些不倫不類。

只是，《合歡山上》有國家的資金、又是宣傳國家建設，我也不好拒絕，所以還是和文玲、錢蓉蓉排了幾場登台表演。可能是票房和觀眾反應也不錯，後來警備總部的人找上門，邀我去金門勞軍。當時很多女明星會參加勞軍活動，但就和登台表演一樣，我也都是能避就避，可警備總部可不是我說不要就可以不要的，只好勉為其難的答應，還跟他們說「真的只有這一次喔」，在這樣的情況下，飛了一回金門，在阿兵哥們面前唱歌表演。

許多明星會代言商品、或出席活動剪綵，我其實也都盡量拒絕，除非是幫好朋友的忙才會出席。印象中我有代言過金山奶粉，還有以前戲迷家裡創業的內衣品牌，也有出席過一些聯歡活動，但記憶都非常模糊，大概都是來匆匆去匆匆，硬是從拍片的空檔擠出時間趕過去的。

《合歡山上》演職員合照。前排為文玲、錢蓉蓉、小艷秋、白擔夫（白景瑞）、周經武，小女孩是何小靈。

《合歡山上》上映時，小艷秋與錢蓉蓉應邀登台表演協助宣傳。

縱馬奔馳的女俠玉嬌龍／愛情

浮現步入婚姻

坐在禮車裡，我知道，
從此我將離開水銀燈。
我不再是台語片第一女主角
也不再是港台影壇巨星，
而是朱保羅的太太。

第一部台語武俠電影——《羅小虎與玉嬌龍》

拍完《合歡山上》後，我緊接著就南下台中，加入梁哲夫導演的《羅小虎與玉嬌龍》拍攝。有沒有覺得這個片名很熟悉？這部電影和後來李安的《臥虎藏龍》一樣，都是改編自同一部小說。才演完山裡的原住民姑娘，我換上古裝變身女俠，在片中飾演武功精湛、叛逆有個性的玉嬌龍，都是全新的體驗。

《羅小虎與玉嬌龍》是台灣第一部台語武俠片，男主角羅小虎，由廣播話劇演員黃志青出任。黃志青和他的姊姊靜江月，主業是廣播劇，擁有自己的廣播劇團，擅長用聲音表演。當時，他們在電台演出一齣又一齣的武俠故事，很受歡迎。其實在更早之前，他們姐弟兩個也都是知名的新劇演員。片商找了我和黃志青來主演，不但題材有話題，明星有人氣，更不必擔心我們的演技。很佩服片商腦筋動得快，選角選得真聰明。

一同演出的演員還有何玉華、張麗娜、文琴、陳揚、戽斗和矮仔財，一字排開

《羅小虎與玉嬌龍》劇照。右為演員矮仔財。

都是當時屈首一指的卡司。我對矮仔財印象非常深刻，他以前曾經是電影辯士，也是田清的「鐘聲新劇團」演員。他從《雨夜花》裡演丑角開始爆紅，後來在《補破網》裡又和戽斗湊成一對喜劇搭檔，從此片約不斷。我記得矮仔財在片場總是來去匆匆，簡直是個「軋戲王」。他的演技好，雖然演的大多是小配角，但是都能為電影畫龍點睛，吸引觀眾喜愛，也難怪大家都搶著要他。

《羅小虎與玉嬌龍》主要在華興片場裡搭景拍攝。我學過京劇，舞劍、打拳本來就很擅長，基本上各種武打動作都難不倒我。比較有意思的，是在片中需要「飛簷走壁」，這時就需要仰賴鋼絲，才能拍出像輕功這種異於常人的高強武術。

在我的印象中，小時候演京劇時也曾經吊過鋼絲。通常，演員需要穿上一個鐵架，將上半身包裹住，接著從頸部、後背到腰部共有三個鐵鉤，鐵鉤上綁著繩子，繩子則牽引至後台的工作人員的手上，透過繩子的一收一放，不但可以控制人的升降，還能控制前後左右的移動。我沒有懼高症，所以騰空三尺也不會感到害怕，僅僅只是需要適應而已。不過，吊了鋼絲在高空中與人比武練劍，並不是件容易的事，一場戲拍下來也夠累人的。

《羅小虎與玉嬌龍》片中也有許多打鬥戲碼，一下子在屋頂上對打，一下子又在地面纏鬥，這時候就不一定需要吊鋼絲，而可以使用借位的拍攝技巧，或是透過剪接來完成。比如說由佈景師搭一面屋頂的佈景，拍腳步的特寫，或者是拍一個往下跳的鏡頭，剪接時用倒帶的方式播放，看起來就像是人往上跳一樣。剪接得好，

《羅小虎與玉嬌龍》劇照。片中有許多武打情節，透過吊鋼絲或借位拍攝來完成。

《羅小虎與玉嬌龍》劇照。部分拍攝在台中的后里馬場進行，左為飾演男主角羅小虎的黃志清。

觀眾就以為演員有輕功，但我們內行人都看得出來。

武打難不倒我，但「騎馬」就讓我有點害怕了。台中后里有座從日本時代就興建的馬場，後來由國防部接管，主要是培養軍用的馬匹。《羅小虎與玉嬌龍》故事的背景是明末清初，俠客們靠騎馬移動，因此我們也前往后里馬場取景。拍這部片是我與馬的第一次親密接觸。這些馬平時都有受訓練，其實是很聽話乖巧的，但畢竟身材比我們人高大太多了，光是靠近就讓人不安。

開拍時，片商請來馬術指導，護著我坐到馬背上，然後拍攝我和羅小虎兩個人騎馬移動。其實只是簡單的一場戲，一點危險也沒有，但我內心還是非常緊張，必須很努力要自己保持鎮定，裝出神情自若的模樣。說實在的，我的騎馬戲比起男演員們是小巫見大巫，他們有不少場戲要在馬上舞劍打鬥，那才真是高難度。

《羅小虎與玉嬌龍》拍得比較長，後來拆分成上下兩集放映。而我的生命，也因為拍攝這部電影而出現新的轉折——遇見了我的丈夫，朱保羅先生。

憧憬的愛情浮現，步入婚姻

不知道是資金不到位還是什麼原因，《羅小虎與玉嬌龍》的拍攝並不順利，原先預估一個月的拍攝期，中途經常停拍，斷斷續續拖了好幾個月才拍完。

當時我有一個在台中開花店的女戲迷，只要遇到停拍，我就會去找她聊天。她有好幾位客戶是醫生，像是當時台中最大的外科醫院「重賓醫院」的院長張重賓，她就會介紹我們認識。拍電影之後，我幾乎沒有這種和幾位朋友聚在一起聊天、吃飯的機會，所以也會邀劇組的其他演員像是何玉華、張麗娜也一起去。有天張重賓帶了他另一位醫生朋友出席，就是我未來的先生朱保羅。

朱保羅原籍是浙江人，當時差不多三十四歲左右，畢業於上海震旦大學醫學院。他是外科醫生，台中「邁進醫院」的院長，他的父親也在台北經營醫院。初次見面我就覺得這個男生長得很好看，帥氣、挺拔，整個人很體面。沒想到，隔天他就開始約我了。

「小妹、小妹，幫我問妳姊姊要不要一起出來玩？」朱保羅那時最常拜託張麗娜來約我。張麗娜年紀小，人也嬌小，單純又聽話，就像傳聲筒一樣夾在我們兩個中間。我雖然演過許多愛情戲，但是那是表演，戲外的我可是非常保守和害羞的女孩子。在和朱保羅約會之前，我從來沒有談過戀愛，也不知道怎麼和男生互動，更沒有單獨和男生出去過。面對朱保羅的邀約，我總是拉著麗娜一起赴約。

他對台中熟，知道哪裡有好吃的餐廳，就經常請我們吃飯，吃完再帶我們到夜總會續攤跳舞。他也好客，會約一大票朋友到他家吃飯。他對吃很講究，自己更燒得一桌好菜，據說是以前在上海讀書時，太懷念家鄉口味而自學烹飪，除了自己吃，也把他一票醫師好友都給餵胖了。他風趣幽默，為人也很阿莎力，在他身邊總是充斥著笑聲，熱熱鬧鬧的。相處久了，我對他的喜愛也就日益增加，就這樣和他交往上了。

初戀時期，眼睛看出去什麼都是粉紅色的，一起做什麼都感覺美好。後來我回到台北，他也常常到台北來找我。我那時候二十七歲，事業如日中天，但也到了適婚年齡。我開始幻想著和他結婚，共組一個屬於我們的幸福家庭，離開演藝圈，做一名賢淑的家庭主婦，這樣我也不必再拋頭露面，沒日沒夜辛苦工作。

其實，那時候我的家人有耳聞朱保羅是個花花公子，一度反對我們結婚。但我大概是被愛情衝昏了頭，想著人家家裡是醫生世家，家世、社會地位都比我們高，怎麼輪得到我們去挑別人？他們不嫌棄我，我就該知足了。於是，在我的堅持下，我和他的婚約很快便定了下來。而我也將後續所有的戲約全都推掉，《羅小虎與玉嬌龍》不僅是我們夫妻的定情之作，也成為我離開影壇的告別作。

我們的婚禮是在一九五九年十月二十五日光復節。當天上午，我穿上白紗，先到台北新生南路的聖家堂舉行天主教結婚儀式，在神父的主持下互許終生，我也同時跟隨著他成為天主教徒。下午，在重慶北路的大稻埕合作金庫大禮堂，再由司法院長謝冠生，也是我先生昔日震旦大學的校長證婚。婚禮相當盛大隆重，現場也擠滿許多媒體，直到婚禮結束我們驅車南下，還一路跟著搶拍。

坐在禮車裡，我知道，從此我將離開水銀燈。我不再是台語片第一女主角、也不再是港台影壇巨星，而是朱保羅的太太。我將從舞台與銀幕步入家庭，終於，我可以有渴望已久的休息。

豐美的息影人生

我並不執著一定要長命百歲，就算是明天上帝將我帶走，
我想，我也會歡喜接受，沒有遺憾了。

未如人意的婚後生活

婚後，我們住在當時台中很熱鬧的繼光街，一棟兩層樓的房子裡，印象中是日本時代留下來的老房子。我們住在二樓，我先生的邁進醫院則在一樓，前面是門診，後面是手術房——我們這邊開的是外科小手術，比較嚴重的還是要送大醫院手術。醫院請了一位男護士，是我先生的同鄉，也很會做菜，另外我們也請了一個女孩子作幫手，幫忙我做些打掃的家務和帶小孩。

然而，新婚的幸福維持沒有多久，我就後悔了。

談戀愛畢竟不是時時刻刻在一起，對於一個人的個性、習慣總是難以全面的認識。直到婚後共同生活，我才真正看清楚我先生這個人，他就是連續劇裡頭的富家子弟，情場高手，非常愛玩。因為家裡有錢，成長過程不愁吃穿，沒有吃過苦，所以相當揮霍。追求妳的時候，充滿魅力，結了婚之後，就再也沒把妳放在心上。

小艷秋八十六歲生日與五名子女聚餐。

我先生白天看診，傍晚下班也從不和我們一起晚餐，反倒直接跟著朋友去跳舞、喝酒、打牌，總是玩到天亮才回來。一開始他也會邀我一起去，但我本來就是一個很內向、很安靜的人，對於那種玩樂毫無興趣。所以都跟他說「我不去！你自己去！」我自以為他知道我不喜歡，會願意為了我留在家裡。誰知道，我不跟著，他更自由自在，彷彿自己還是單身，成天往外頭跑。他的行為我很看不下去，他是醫生，又是有家庭的人，偶爾和朋友聚會沒問題，但怎麼可以每天都這樣花天酒地呢？

婚後我馬上就懷孕了，那時不懂避孕，一年一個，連生了四個孩子，先是兩個男孩立群、立德，接著是兩個女孩立貞、立慈。

婚姻雖然不如我願，但我把孩子們放在我的第一位。想起自己不被人疼的童年，我就告訴自己，一定要給孩子我全部的愛。

由於我和我先生的家庭背景不同、個性不同、生活習慣與目標也完全不同，這讓我們沒有辦法溝通和交心。久而久之，家對他而言就只是回來睡覺的地方，我的存在也只是孩子們的媽媽而已，這樣的家庭生活，和我原先預想的，可說是天差地遠。我每天都後悔結婚，氣自己當時為什麼沒有智慧，看穿他的花言巧語，懊惱自己怎麼沒有聽家人的建議，就這樣一頭就栽進他的手裡。

我先生如此豪奢，夜夜通宵，玩樂賭博，支票一張張不眨眼地開出去，也耽誤了他在醫院的看診，有時候甚至醫院開門了他都還沒進來。時間久了，病人少了，醫院也開始虧錢。而我婚前辛苦賺來的積蓄，甚至是台北的房子，竟然都在婚後一一被他拿去抵債。

全部的愛給全部的孩子

想想我也真是一個老舊頭腦的人，那時從沒想過離婚這條路，只能不斷告訴自己這是命，我只有認命。當孩子一個接一個出生的時候，我都是一邊懷孕，一邊照顧幼小的孩子，生活過得忙碌無比，不開心的事情就先擺一邊吧，沒有力氣多想了。為了孩子，我除了忍耐，還能怎麼樣呢？

但即便是這麼不好的時候，我也從沒有想過要回去拍電影賺錢，你就知道，我有多想逃離以往的日子。那時候，李行大導演和我先生是好朋友，他親自跑來台中請我拍戲好幾次，我都拒絕了。我說，「我以前沒有家庭時都不想拍電影了，現在結婚有了小孩子，怎麼還有時間拍電影呢？」

那時候，我最想專注扮演好的，只有「媽媽」這個角色。我全心全意地為小孩們奉獻，當他們生病時，我整個晚上都不敢睡，坐在床邊照顧，從不喊苦。於是我孤單的、努力的、忙碌的、堅強的生活著。其實，成為這樣一個平凡、和多數人一樣的台灣女性，我覺得比起電影明星，來得還不簡單，來得更加偉大。

。。。

一九七〇年，我第五個孩子，小女兒立菁出生後，因為繼光街的屋子被房東收回去，所以我們全家搬到了台北的貴陽街，一樣靠先生開設的外科醫院為生。

孩子們一個一個長大，開始進學校讀書了，這時候來了一個很特別的邀約：生生整型外科的院長，寧建章醫師來拜訪我，想請我到他們醫院工作。

我和寧醫師會認識，其實也是很有趣的機緣。我們兩家在台中是鄰居，他們就住在我們家後頭，那時候他還沒有出來開業。他們夫妻很喜歡散步，大概也耳聞有位大明星嫁到家裡附近，只要經過我們醫院，就會很好奇地探頭往裡頭看一看。有一次，他們又在醫院門口張望，正好我在一樓，請他們進來，大家聊一聊之後，就成為朋友了。

後來他到台北成都路上開業，我們也搬到台北，兩家一樣住得不遠。那時候整型外科剛剛開始發展，全台灣的專門醫院不超過三家，生生不是第一就是第二，前景很不錯。我想孩子們也都比較不需要我照顧了，應該有餘裕上班，於是就答應了寧醫師，接下他們醫院的門診部主任職位。

重新學習再次踏入職場做好每個工作

我這個人，工作起來就是很拚、很投入，以前演戲是這樣，在整型外科的新工作也是一樣。我雖然沒有護理師的執照，但我告訴自己，進來這個產業，那就要努力自學，讓自己有足夠的專業，這樣才能讓醫生和顧客信服。

所有想做美容的顧客，當他們走進醫院裡，第一個會接觸到的部門就是門診部。作為主任，我的工作是接待和評估，要聆聽顧客的需求，提供他們全套的整型規劃。遇到自身條件不夠好的顧客，我也會老實告知他們整型能做到的程度，不會讓他們抱著不切實際的期待。做人要老實，這是我一直抱持的處事態度。

那時候，我們醫院的「小針注射美容」非常有名。不論要除皺紋、墊鼻梁、填平印堂或是要加厚耳珠，透過小量的注射，就可以輕鬆達到效果。我到了整型醫院也才知道，光是隆鼻就有很多種方式。小針注射是一種，但是如果你鼻子真的太扁了，那就只能靠動手術來調整。手術是刀子從鼻孔進去開出一條路，將肉和皮割離後，在鼻梁上頭放入軟骨（有動物的、也有人造的），然後慢慢的削，削出鼻子的形狀。軟骨要放在什麼位置才會看起來自然，或是要削到什麼尺寸才好看，那就考驗整型醫生的技術了。

生生醫院當時有兩層樓，一樓是門診和手術室，二樓則是病房。我雖然是門診部主任，但經常全醫院上下跑。我不像有些人會害怕血，反倒很願意待在手術室裡觀摩，看醫生怎麼開刀，這樣我才能對我的顧客做最充分的說明。其他像是換藥、打針、拆線這些護士的工作，我也很積極的學習，經常幫忙做。我有很多客戶是我的朋友，因為我而到醫院來做整型，但也有很多是從客戶整型完後變成朋友，他們手術前後都是我在陪伴和照顧。

小艷秋後來自行開業的來來整型外科。

一九七〇年代中期，已經有越來越多的女性在外面工作，而不是待在家裡當家庭主婦，加上寧建章院長夫婦和我們是熟識的朋友，所以我先生對於我出去上班並沒有反對。現在回想起來，在生生整型外科擔任門診部主任那段時間，比起先前演戲或是拍電影，是我這輩子少數感到快樂的工作。為什麼會這樣說？我想最主要的原因應該是能夠正常上下班，不像拍電影那樣，必須沒日沒夜的四處奔波，甚至還可以照顧小孩。

另外一個原因，是和我的興趣相符。我本來就喜歡漂亮的人事物，在整型外科我可以把一個女孩子改造成美人，看著她變得有自信，我也很有成就感。這種知道自己是為了什麼工作的感覺，是我過去從來沒有的。

後來寧建章院長意外過世，改由他的姪女出任院長。在這之後，我自己也在西寧南路上開了一家「來來整型外科」，醫院規模不大，只有一層樓。客戶要動手術的話，就請生生的醫師過來執刀。不過當老闆畢竟要操煩的事情多很多，也更複雜，院務、人事、帳務都要管，讓我有點喘不過氣來。印象中來來整型外科大概維持了三年左右，正好有幾名醫生有意接手，我就轉手給他們經營了。

一九八二年，隨著醫院工作的結束，我二女兒立慈新婚，年近五十歲的我也決定退休了。

羽毛球、卡啦OK，充實歡快的日子

退休之後，我的生活像是突然鬆開了一樣，日子逐漸清閒了下來。以前整型外科的一位客戶看我沒事做，願意教我打羽毛球。那時，圓山山上有相當多的羽球場，他就在那裡打球。於是，我每天清晨五點，從家裡轉兩班公車到圓山，然後一個台階一個台階往上，走到山頂的球場，開始學打羽球。我從發球開始學，然後是來回長球，慢慢擊球穩定了，可以和朋友對打。就這樣，退休後我全年無休，天天到山上的球場報到，持續了好多年。後來，由於每天爬幾百階上山，加上對打羽球，膝蓋開始感到不舒服，我才停止了這個習慣。

白虹、紀露霞與小艷秋合影留念

還沒退休之前，我和電影圈的人沒有什麼機會來往。退休之後，我才開始參加資深藝人的聯歡活動，像是旅遊，或是合唱團表演。不過，我的個性退休之後也沒有變，在人際關係上仍然比較被動。我很感謝不少朋友們，像是戲迷、整型外科的客戶、電影圈的藝人，他們一直和我保持聯絡，常常會邀我出去。尤其是白虹！她對我非常照顧，成了我最要好的朋友。

我和白虹是在拍《火葬場奇案》的時候認識的。她那時才剛出道，在片子裡演小配角。據她說，我還曾經用大牌明星的架子，對她和張麗娜和其他小演員凶過，讓她對我印象深刻。這我完全不記得，但是她說得信誓旦旦，好像假不了。她說，拍《火葬場奇案》時，她還是個不懂行規的小女生，有一場戲排演的時候，她和幾個配角在一旁看我們拍攝，嬉嬉鬧鬧地聲音不小。當梁哲夫導演說要正式拍攝的時候，我就板著臉說「不拍！等她們安靜了再拍！」她們聽到了，嚇得立刻閉上嘴巴。後來白虹跟我說，她就是看我在片場這麼神氣，才告訴自己一定要努力，和我一樣當大明星。沒想到我們後來這麼要好。

她住在三峽，經常自己搭捷運、公車來土城找我。我前幾年很低潮的時候，還好有她經常為我打氣。她知道我喜歡吃釋迦，每次來找我，總不忘帶上幾顆。

與好友們一起戴上聖誕帽的小艷秋。

。。。

我在西門町有投資一家「丰采卡啦OK」，室內有一百多坪，有舞池和包廂。我每週固定會去個一兩次，以歌會友。在那歡唱、跳舞的朋友，算一算也都認識了好幾十年。如果身旁有朋友想聚會的，我也都會吆喝他們到那裡，我畢竟是股東，要點歌、點小菜、倒茶，有什麼需要我都可以幫忙。所以常常一個下午自己也唱不了幾首歌，忙進忙出的，但看著大家都一把年紀了，還能聚在一起歡樂，我也覺得很開心。

而一旦遇上萬聖節、聖誕節，我還

70 歲時，解脫後的小艷秋。

會準備帽子、花圈，給大家裝扮、拍個合照。我們年紀都越來越大了，有時候一通電話打來，就是有人摔倒、有人住院的壞消息，什麼時候可能就突然走掉了，所以平常一定要多拍照，把快樂的模樣留下來，這是最好的紀念。

我從年輕就喜歡打扮，就算現在老了、臉上有了皺紋，這個興趣可從來沒變過。我家裡的衣服真是多到好幾個衣櫃都塞不下，每每要出門，我總會花上一兩個小時的時間挑選衣服，從頭巾、眼鏡、耳環、項鍊，再到衣服、褲子、鞋子，以及口紅的顏色。每一個元素都精心搭配，這樣拍照起來才好看。

儘管現在手機拍照、看照

片很方便，但我仍然習慣把照片洗出來。在士林那邊有一家我固定洗照片的相館，一個月至少會去一次，持續了至少二十年。我把洗出來的合照、個人照都放在我的床邊，只要一張開眼，就能看見無數神采奕奕的臉龐。我喜歡被這些美好記憶包圍的感覺，喜歡讓自己漂亮，看著自己漂亮。

至於我先生，他在二〇〇二年因為肝癌過世。他一輩子就愛玩愛喝酒，過度放縱自己，身體自然也就搞壞了。他在世時，我可以說幾乎每天都是在怨恨中度過，他離開人世我才終於得到解脫。他走了之後，我把所有有他的照片都剪掉、丟掉，完全不想再看到他這個人。

基督信仰開啟的第二人生

曾經聽人家說過，退休是第二人生的展開。退休之後，我的人生最大的改變，就是在二〇一一年的時候信了主，受洗成為基督徒。

每每回想起我的人生遭遇，那沒有人疼的童年、不知為何而忙的演藝職涯，以及失敗的婚姻，我心裡就會生出很深很深的恨意，埋怨自己的命運坎坷，嫉妒那些被愛包圍、幸福美滿的人。多年來，我始終帶著這不知如何排解的恨意，將它壓在心底。有時它悶悶的燒，有時，它卻像烈焰幾乎要將我吞噬。

二〇一一年，我過去在生生整型外科的同事陳愛妮來找我吃飯，結束後她神祕地跟我說「姐！走！我帶妳去一個地方！」就把我帶去了她一直有在參加的三重教會。我一踏進教會就感覺到被一股力量包圍著，「怎麼人那麼多？氣氛這麼熱烈？」所有的弟兄姊妹都閉著眼睛，非常虔誠的唱聖歌、敬拜主，和我以前參加天主教的禮拜、彌撒，那嚴肅的氛圍是完全不一樣的，不知怎麼地，我當場就感動得流下眼淚。

第二天陳愛妮又載我到教會，牧師問我「要不要受洗？」我馬上說「好啊！」才第二天呢，我就答應要成為基督徒了。

開始認識主、閱讀《聖經》，我內心的恨才逐漸一天一天地淡化下來，而我從小到大的匱乏感，也被天父阿爸的愛開始澆灌和填滿。每週到教會聽牧師講聖經故事，和大家一起唱歌，服事、讚美主，為彼此禱告，為世界祝福。我總是淚流滿面，感到從來沒有過的平靜和滿足。

後來有次我遇到孫越，他知道了我信了主，就拍了我的肩說：「哎呀，妳是藝人，應該要來我們藝人之家教會呀」。那時候馬之秦、寇紹恩、江彬、張艾嘉的母親魏淑娟在藝人之家非常活躍，我也跟著加入，一個禮拜跑兩個教會。

從小我就沒有在乎我的家人，三個養父都像是陌生人一樣，慶幸到了人生晚年，出現了最疼愛我的阿爸父神，內心總算有了依靠。小時候沒有叫過一聲爸爸，現在我每天都對這位天父阿爸說話。我總會說，阿爸，謝謝祢讓我叫祢一聲阿爸，祈求祢讓我吃得飽、睡得著，祈求祢讓軟弱的我堅強勇敢，祈求祢給我智慧，面對過往生命中的苦痛，以及面對未來的力量。

傷心的淚水早已流盡，疲累的身心逐漸康復，因為阿爸總是能回應我的祈求。你看我現在就要九十歲了，除了記憶力衰退、耳朵越來越重聽，雙腳會麻、沒辦法站太久之外，我的五臟六腑、血壓血糖都正常的不得了。我兒子有時候會為胃痛所苦，我都笑說，「什麼叫做胃痛？我從來沒感受過。」

我的人生走到現在，已經要九十歲了。九十歲啊，老實說我真的不敢想像，面對自己的衰老，有時也會不自主的感到軟弱和不安，覺得是不是早早離開人世就好呢？但這個時候我都會聽見阿爸的聲音，要我穩定下來。

今年遇到新冠肺炎疫情，卡拉ＯＫ不能去、教會也不能去，不過，就算好幾個月不出門、都待在家裡，我也覺得心情很平靜。每天大約八、九點入睡，凌晨兩、三點就醒來了，睡得不多，但品質很好，然後翻翻相簿，看看自己漂亮的照片，一天一天也就這樣過去了。

我這一生過得疲累，有太多時間是聽從命運的安排，和他人的指示在過活，有太多的身不由己，太多的不快樂。而此時，我終於能享受一個人的平穩和安靜。

我並不執著一定要長命百歲，就算是明天上帝將我帶走，我想，我也會歡喜接受，沒有遺憾了。

愛打扮愛漂亮的小艷秋近照

後記——小艷秋阿姨的相簿

何思瑩

在這兩年多的日子裡，我和小艷秋阿姨的每次約訪，都是從拍照開始的。

大概是未曾經歷過阿姨的輝煌年代，在訪問之前，我並沒有去見「女神」的心跳加速感。雖然這樣講阿姨聽了可能不會高興，畢竟我們相差五十五個年頭，台灣新劇、台語電影曾有的風光，我只能從文字中想像。等到第一次見到阿姨，說被「折服」可能有些誇張，但還是忍不住地讚嘆「哇，真的好漂亮、好時髦啊！」，害羞地和阿姨湊在一起合照。到了更後來，每次和阿姨見面，都會讓我想起我的外婆，每次訪問阿姨也很像在和外婆聊天，只是我沒來得及問外婆那麼多問題。

阿姨與兩個兒子一起住在土城租來的房子，有數千住戶的高樓社區，社區入口有好幾個，每一個入口對應的大樓都不一樣，散布各處。第一次去時，我在社區裡迷路了好久，一直到去了第四、第五次，才找到離阿姨家最近的大樓入口。

這就像是我和阿姨的關係演進，剛開始，我繞啊繞的，找不到最合適的入口。阿姨從以前就不喜歡被採訪，還說寫這本回憶錄完全是白虹阿姨的主意，對她本人來說可有可無。我既好奇又惶恐，戰戰兢兢、相敬如賓了幾回，果然聊得零零落落。每想再往前一步，阿姨就自然的——「哎呀，我這個人，很不喜歡講自己的事。」「以前就是很忙，每天都很累，這六七十年前的事情，我怎麼會記得？」「妳有需要知道這麼多嗎？」

就這樣，我徘徊在入口處許久，直到有一天，我偶然瞥見客廳茶几上放著兩本相簿，便問阿姨能不能翻翻看？阿姨馬上有精神了起來，很開心地在一旁陪著欣賞，「可以啊，有一些照片我最近才剛洗出來。」

翻開相簿，裡頭多是阿姨的個人獨照，打扮時髦，面對鏡頭從容大方，一點都不像是即將九十歲的老太太，不愧是台語片第一女主角的大明星。「這個是去我女兒家頂樓拍的。」「妳看，那天出門遇到這麼漂亮的聖誕樹，當然要拍起來。」阿姨的話多了起來，細細地說起每張照片的故事。我們就這樣翻著翻著，關係似乎慢慢舒展開來。

看照片這事為我打開了通道，阿姨陸續去房內搬來幾本相簿給我，我需要知道的事情突然多了起來。「這是以前新劇拍的宣傳照、這是到我戲迷家玩、我後來有去整型醫院上班、這是教會聖誕節活動、這是我們在丰采唱歌慶生……」。有些照片上，寫著拍攝的年分和相對應的年歲，阿姨的生命逐漸在眼前立體了起來。不過，我始終有個疑問，這麼多本的相簿橫跨了阿姨的大半輩子，怎麼就沒有任何一張和先生的合照呢？「他的照片我不是剪掉，就是丟掉了。」「不要講他，講到他我就氣，我就怨。」阿姨態度堅決地說。ＯＫＯＫ，地雷區出現，我們暫時繞開它。

我們先拍照

知道阿姨喜歡打扮、喜歡拍照，我便提議只要有到家裡拜訪，都為她拍照留念。拍照成了我們之間的例行儀式。每次到阿姨家，才寒暄沒幾句，阿姨明顯惦記著什麼，找到縫隙就插入一句：「我們先拍照，拍完再說，好不好？」

家裡小，雜物多，背景選來選去，不是門口、冰箱，就是客廳那顆綠油油的發財樹，但沒關係，主角漂亮，哪裡都是舞台。

阿姨說，她從演新劇開始，衣著妝容全都自己包辦，到了七十多年後的今天，從頭到腳的造型，依然由自己精心打理。和阿姨約訪過這麼多次，從沒見過重複的單品，倒是項鍊和耳環，是永遠不變的十字架銀飾，左手上掛的兩支手環，則是在香港買的，阿姨說：「那個賣飾品的老闆跟我說，女人要帶鉑金，雖然比較貴。咪咪，我跟妳說，女人啊，要知道自己值得用好東西的，對自己好，是不用客氣的喔！」

我們通常會拍上二到三套造型，以前拍過大量沙龍照的阿姨，不只會打扮，在鏡頭前更是充滿架式。步驟通常是由我先確認好背景，她才轉過身、站穩腳步，擺定手勢，最後再放心露出笑容。哇！真是怎麼拍怎麼好看，我忍不住脫口而出。

但連續拍了幾張之後，阿姨就會要我先秀出剛剛拍的每張照片讓她一一鑑定，滿意的就點點頭給過，不滿意的——其實我也看不出哪裡不好，都很美啊——「這肚子不行啦，哎呀這手臂怎麼這樣……這張刪掉，重拍！」阿姨耐心十足點評。然後我們就這樣一直拍一直拍，一套造型少說也會拍到二十來張。

有時候我會自作主張要求阿姨擺擺其他手勢，例如要阿姨比個勾勾在下巴，或是假裝手拿著槍之類的，阿姨會一邊害臊「哎唷，都那麼老了，這個姿勢不會太裝可愛嗎？」，一邊又姑且一試地配合我，拍完看了照片後，馬上又被自己的模樣戳到笑點。

等到拍得滿足了，阿姨才會說，「OK，那我先去把衣服換掉，這個勒的我肚子好緊。」喊卡之後她才下場換上一套鬆鬆的睡衣走出來。此時我如果再拿起相機，阿姨就會馬上警戒，「欸，我這個樣子妳不要拍！」接著反覆確認提醒，「剛剛拍的照片，妳Line給我了沒有？」

妳把我拍得很好看

有段時間我生病，訪談計畫也隨之中斷了好一陣子，但阿姨還是會傳Line給我。不會用手機打字的她，傳的都是自己的照片：她和抹茶蛋糕的合照、去吃泰國菜的照片……。我們偶爾會通話，我記得那一天阿姨是這麼說，「咪咪妳病了好好休息，等妳好了，再來家裡幫我拍照。妳拍的照片我很喜歡，為什麼妳知道嗎？因為妳會指導我擺出一些新鮮的Pose，妳把我拍得很好看。」

照片拍了，還是要洗出來好，這是阿姨多年的習慣。她有家「去都不必等，老闆會先幫我洗」的照相館在士林，固定每個禮拜會經過一次。某個週日，我陪阿姨去三重教會，跟著她去洗照片。我們一路從台北的西邊搖啊搖到東北邊，中途還在中山北路轉了一趟車，明明到站了，阿姨卻說要再一站下車，她想先買一盒壽司，等壽司到手才再搭反方向去到照相館。明明是在台北，卻像是一趟異地小旅行。

公車上，我們並肩而坐，有一搭沒一搭的聊著，聊她退休後到圓山學羽球，聊我剛新婚、漂在台北接案的生活……突然，她摸著我的手說，「咪咪啊，女生不用太早生孩子，要留給自己多一點時間，妳現在這樣子很好哇……」剎那間，我想起逝去的外婆也曾經這樣握著我的手說過，「咪咪啊，女生能讀書，還讀到碩士真好啊……。」

沒事做的時候就看照片

和阿姨變得比較熟之後，我詢問能不能進她的房間？阿姨爽朗答應，「妳自己進去啊」一副怎麼會問這種問題的表情。

阿姨的房間是小小的套房，除了梳妝台、成櫃的衣物、牆上幾幅「主是恩牧」的布幕，最吸引我的是阿姨的床鋪。

那是一張雙人床，有一半堆放著一疊又一疊的相簿，相簿上蓋著一排整齊的衣物，另一半縮減成單人床的空間，則是她睡覺的範圍。相簿堆周邊立著一張又一張阿姨的照片，像是一道L型的照片牆，一翻身一睜眼，她面對的就是漂亮的自己。想起阿姨說，她習慣宅在家，一個人也自由自在不覺無聊，因為她沒事做的時候就看照片，而且現在睡得少，半夜醒來，就看照片，看著看著，天就亮了。

阿姨相簿裡的相片，其實並不照時間排序，同一場景拍的照片，可能散落在四、五本相簿裡，又或是這裡塞了一張五〇年代，旁邊放的卻是上個月的照片。共同點是，阿姨看起來都很漂亮，笑得燦爛，永遠都是照片中最亮眼的視覺中心。因為訪問了阿姨，我才知道這些快門擷取的笑容背後，藏著很多犧牲、忍耐的辛苦過往。身為台語片「第一女主角」的阿姨，她所演過的台語電影，卻沒有任何一部存留下來，如今，我們只能憑藉著這些照片，證明她曾經燦爛過。

曾經有好幾次，訪談到一半，阿姨會忍不住跟我說，「咪咪，我對我的人生常常覺得很怨，從小就沒有得到愛，年輕時又過得那麼辛苦。」在認識阿姨之前，我可能會想，開玩笑嗎？妳是大明星耶，星途順遂，多少人羨慕妳，多少戲迷影迷擁戴妳，怎麼會不滿意？

但現在，我會聽阿姨好好地說，然後抱抱她，握握她的手。阿姨，一路走來，辛苦了。

。。。

最近一次去找阿姨，她拿出聖誕節用的彩帶假髮和眼罩，邀我一起合照。

「阿姨，現在才九月耶。」

「哎呀，這世界的變化那麼大，誰知道我們十二月的時候能不能見面？我去換衣服，妳趕快戴上，先拍吧。」

現在的小艷秋可以為自己打扮，可以主導鏡頭前的自己、拍出漂亮的照片，再被自己喜歡的模樣陪伴著、圍繞著。真好。

親愛的阿姨，我願意一直一直幫妳拍照的喔！

小艷秋明星形象塑造：以台語片與廈語片電影廣告為分析文本

梁碧茹（紐約石溪大學文化研究博士，主要研究領域為台語片）

小艷秋活躍於一九五六到一九六〇之間，並於一九五七年與一九五八年兩度赴香港拍攝廈語片。她不僅為台語片剛發展時期的巨星，更是台港兩地的紅星。小艷秋所主演的台語片受到本地民眾的歡迎，例如：《桃花過渡》（1956）、《瘋女十八年》（1957）、《火葬場奇案》（1957）。她也於一九五七年與一九五八年，分別獲得台語片影展的銀星獎第一名以及《影劇週報》舉辦的「我最喜愛的十位台語影星」票選活動第一名。然而，曾被譽為「台語首席紅星」[1]的小艷秋，其所主演的台語片，很遺憾到目前為止仍全處於佚失狀態。目前國家電影中心唯一保存的小艷秋主演的電影，為一九五九年中國電影製片廠出品，由潘壘執導的國語片《合歡山上》。另外，香港電影資料館則保存有兩部小艷秋主演的廈語片，分別為《姐妹花》（1957）與《番客嬸海外尋夫》（1958，台灣上映時更名為《愛的誘惑》）。儘管小艷秋絕大多數的影像資料甚少，所幸當時關於小艷秋的報刊雜誌報導、電影海報與廣告，或代言廣告，依舊可拼湊出小艷秋明星形象形成的過程。

小艷秋在台灣電影史上的重要性，在於她跨越戲劇與電影的舞台，是唯一同時走紅新劇與台語片的雙棲明星。小艷秋因家庭之故，一九五〇年十七歲時即參與新劇演出，並在劇本、表演，以及呈現模式上，不斷地進行實驗。一九五六年進入電影圈後，因《瘋女十八年》演技出眾，影片大受歡迎，各方片約不斷，讓她持續參與各種新類型電影的拍攝，演出形象不一的各種角色，成為台語片的影后。小艷秋跨媒體、跨類型，與跨地域的多樣面貌，同時也反映了當時台語片產業發展與摸索的狀態。於是，透過小艷秋的明星研究，研究者可以部分地理解產業如何理解或是形塑當代市場的走向與觀眾的品味。同時，也可以分析這些電影與廣告，透過小艷秋的明星形象，提出了何種女性的樣貌，給予觀眾或是影迷作為投射與想像的對象。

本文將整理台灣報紙中出現的小艷秋主演的台語片與廈語片電影廣告，比較兩

圖一｜《桃花過渡》報紙廣告（《聯合報》1956／10／26）

者呈現出的小艷秋的明星與角色形象，分析其中的異同。之後，本文將分析小艷秋在廈語片《番客嬸海外尋夫》／《愛的誘惑》中的表演，尤其是她所呈現出的現代新女性的樣貌。不同於國語片《合歡山上》的政宣片類型，這部廈語片為面對台灣與東南亞福建移民觀眾的商品，電影的故事、角色設定、影像風格等，或許更能反映片商對市場的理解。

台語電影廣告中的小艷秋：新劇演員過渡到電影明星

小艷秋的第一與第二部台語片分別為《桃花過渡》（郭柏霖導演，1956年）與《瘋女十八年》（白克導演，1957年）。在歌唱片《桃花過渡》中，小艷秋一人分飾二角，一為愛情受父親阻撓造成男友入獄的悲情女子，一為生父不明的女兒。而在改編社會新聞而成的《瘋女十八年》中，小艷秋扮演少時被養父姦污然後送入酒家的苦命女子，贖身後懷孕但遭陷害，於是被婆家虐待，之後更被迫裝瘋與孩子分離，獨住山中十八年。由於角色的高複雜度，兩部片中小艷秋的表演皆極具挑戰性。在電影廣告的呈現上，《桃花過渡》為小艷秋離開新劇轉向電影大銀幕的第一部作品。電影廣告以歌唱片為本片的宣傳重點，打出「台灣民謠大會」做號召，並列出電影中出現的十幾種地方小調（圖二）。小艷秋的照片位在廣告下半部，照片旁放著曲目，照片中的小艷秋身穿碎花裝微笑正面面對鏡頭。筆者無法分辨這張照片是劇照，或是電影之外的宣傳照。然而小艷秋照片與曲目在廣告中的配置，製造出「歡迎觀眾來聽小艷秋唱歌」的訊息。同時，電影廣告旁刊登了小艷秋為電影登台的戲院啟示，啟示最後題上「小艷秋謹啟」，更強化了上述的訊息。於是，《桃花過渡》電影廣告以及戲院啟示，建構出電影演員／新劇演員、銀幕／舞台，以及電影／戲劇的雙重性：小艷秋同時作為戲劇與電影的演員，而銀幕同時作為舞台，而這部電影，同時也是新劇。《桃花過渡》，不僅是一首關於桃花渡河的歌曲，「過渡」二字，更體現了演員、類型，呈現形式的過渡狀態。

圖二｜《瘋女十八年》報紙廣告
（《聯合報》1957／1／2，四版）

不同於《桃花過渡》廣告挪用並延續小艷秋新劇演員的形象，《瘋女十八年》以小艷秋作為一位電影演員，其表演能力為電影廣告的看點（圖二）。《瘋女十八年》的電影廣告中，並置了小艷秋溫柔與瘋狂階段的劇照，佔據約二分之一的版面。這兩張劇照，一方面呈現戲劇的張力，一方面展現小艷秋作為電影演員的表演能力。後者的部分，或許可以從構圖來解釋小艷秋從戲劇成為電影演員的身份轉變。不同於《桃花過渡》電影廣告裡，小艷秋照片的構圖為臀部以上的中景照，並正面面對鏡頭／觀眾。而《瘋女十八年》中兩張劇照分別為腰部以上的近景照以及臉部的特寫照，同時，小艷秋並未直視攝影機方向。鏡頭使用暗示了電影這個媒介的特殊性，而小艷秋的視線方向，則呈現了電影和戲劇在敘事與呈現形式上的差異。兩張電影廣告中，小艷秋已從《桃花過渡》裡的「台語新后」成為《瘋女十八年》裡的「台語影后」。

圖三｜《火葬場奇案》報紙廣告
（《聯合報》1957／12／1，五版）

之後小艷秋主演的電影廣告，多以各種構圖呈現小艷秋劇中角色的姿態與神情，且劇照常佔廣告版面很大的一部分，而小艷秋的頭銜則多冠以「影后」。以恐怖片《火葬場奇案》（梁哲夫導演，1957）為例（圖三），電影的上半部多為文字，包括片名、上映戲院、演職員表，以及各種廣告題詞。「恐怖台語片之王」、「血淋淋，病鬼剪刀行兇。淚汪汪，嬌妻監牢懺悔」等廣告詞的使用，以煽情誇張的語言建構本片的風格。然而，與極盡語言張力的上半部平行甚至進行視覺角力的，為廣告下半部一系列小艷秋以及其他角色的劇照。廣告的最左方，為佔版面五分之一的小艷秋與男主角相擁的劇照。小艷秋的位置靠近片名，男主角的頭部與肩膀則被廣告邊框切掉一些。相較於男主角，視覺重點較易落在小艷秋的臉部特寫上。小艷秋她略帶疑惑、緊張，但又堅定的表情特寫，一方面呼應上方的廣告題詞，一方面則展現了小艷秋臉部的表現力。而廣告下半部散落的其他小艷秋的小劇照，呈現小艷秋多面向的姿態與表演風格。於是，在此電影廣告中，小艷秋作為電影演員的表演能力與表現力，與宣傳的故事內容與電影類型互相配合又互相競爭，此廣告肯認並強化小艷秋「影后」的形象。

《阿蘭》（岩澤庸德導演，1958年）的電影廣告也值得一提，其版面配置與劇照風格呈現與塑造了小艷秋既純真又神秘的複雜形象（圖四）。雖然《阿蘭》的廣告題詞為「不幸的阿蘭，為誰受苦？為誰喪命？美滿的家庭為何破落？為何離散？願天下有情人同聲一哭！」，然而，廣告題詞的右側與下側，所置放的兩張小艷秋劇照，卻呈現著與題詞完全不同樣貌的小艷秋／角色形象。廣告最下方放著微笑的小艷秋與花的照片，透露著純真溫柔的氣質。而右側劇照中的小艷秋，則在暗影中只露出臉，面帶似笑非笑的迷樣表情，前方有位男性角色背對擋著小艷秋的身體。不同於在其他電影廣告裡，小艷秋的劇照多與其他角色的劇照置放在一起，或是小艷秋劇照中的樣貌明顯為劇中角色，例如：《瘋女十八年》。而《阿蘭》電影廣告中只出現小艷秋的照片，並為臉部特寫。於是，《阿蘭》的電影廣告中，從廣

圖四｜《阿蘭》報紙廣告

（《聯合報》1958／1／30，五版）

告題詞到劇照，出現了敘事的斷裂，而小艷秋劇照的呈現，也遊走在角色與明星的模糊地帶。尤其是小艷秋面帶微笑看著鏡頭的照片，照片中的小艷秋可能是在看著劇中其他的角色，然而，她似乎也看著她的影迷。這張照片的風格符合出現在報章雜誌裡的明星新聞或是生活照。於是，《阿蘭》電影廣告中的小艷秋，似乎呈現出小艷秋作為角色、演員，也是明星的多重身分。

廈語電影廣告中的小艷秋：改變作風的國際影后

小艷秋首次到香港拍攝的廈語片為《亂世姐妹花》（陳煥文導演，1957 年）與《雪梅思君》（陳煥文導演，1957 年），兩部皆為古裝歷史片。在《亂世姐妹花》中，小艷秋飾演一位與母親、姊姊失散的名伶，為了拯救愛人嫁給軍閥。姊姊（江帆飾演）陰錯陽差來到小艷秋家中當奶娘，卻遭小艷秋虐待。然而，姊姊誤殺了小艷秋的孩子，卻讓兩人相認，最後盡釋前嫌。[2] 在《亂世姐妹花》廣告中（圖五），片名旁打上「港台合拍第一砲！」，字體粗且大，作為本片的宣傳重點之一。同時，小艷秋與江帆分別被稱為「本省台語影后」與「香港台語影后」，則帶出了台

圖五｜《亂世姐妹花》報紙廣告
（《聯合報》1957／8／1，五版）

語片的國際性，將本省放在國際的舞台上。香港在一九六〇年代作為國民政府與中國共產黨爭取民族與政治認同的地方，同時，香港做為英國殖民地，其高度的資本主義發展，使得香港成為「約翰牛的東方之珠」[3]，也就是英國的「東方之珠」。而發達的香港電影產業，也被稱為「東方好萊塢」[4]於是，台語影星去香港拍片，可以被視為國際化／西化的步驟。有趣的是，劇照裡小艷秋和江帆的姿態、神情，

圖六｜《雪梅思君》報紙廣告（《聯合報》1957／10／10，五版）

與相對位置，透露著劇情之外另一層關係上的意義。劇照裡的小艷秋，雙手交叉放在胸前的站姿，以及頭微向上仰帶著俾倪眼神的表情，呈現了小艷秋所飾演的名伶那高傲又任性的角色性格。有趣的是，小艷秋的臉旁邊打著「本省台語影后小艷秋」。江帆則坐在椅子上往上看著小艷秋，表情略顯哀傷，上方則題上「香港台語影后」。於是，小艷秋與江帆的相對位置，以及將小艷秋與江帆並列為「本省」與「香港」的台語影后的文字使用，以及文字與劇照編排的位置，製造出小艷秋站上國際舞台，與江帆並駕齊驅甚至超越的競爭關係。《亂世姐妹花》透過文字與劇照排版，強化並塑造小艷秋的「往上爬升」的動態以及國際性。

在《亂世姐妹花》之後上映的《雪梅思君》，同樣也為小艷秋與江帆合演的廈語片。故事主要敘述奸臣欲陷害表現傑出的狀元未果，終被處斬。小艷秋與江帆飾演辛苦扶養狀元長大的角色。[5]不同於《亂世姐妹花》廣告中小艷秋與江帆戲劇化的劇照，《雪梅思君》的廣告中則放上兩人類似戲劇節目表中的演員大頭照。小艷秋的照片為臉部特寫，位於廣告的上半部，江帆則為胸部以上的取鏡，位在廣告的下半部。值得注意的是，小艷秋與江帆的抬頭與《亂世姐妹花》有所差異。在一九五七年十月十日《聯合報》裡《雪梅思君》的電影廣告中（圖六），小艷秋仍為「本省台語影后」，而江帆則與瑪莉、小娟被列為「本省紅艷歌星」。廣告中打上「慶祝雙十節」以及「我國固有婦女道德守節寶鑑」。可以理解的是，電影廣告的目標群眾為台灣觀眾，所以是小艷秋而非江帆這位廈語片紅星為台灣市場所認識與喜愛。不過將江帆、瑪莉，與小娟列為本省紅豔歌星，也符合國民黨政府攏絡或收編香港影人作為中華民國國民（而非中國共產黨執政下的中國國民）的意識形態與政策。雖然小艷秋與三位香港影人被視為「本省」，但抬頭上所出現的位階差異——影后 vs. 紅豔歌星——透露了正統（中華民國在台灣）與非正統（香港）的差異。同時，儘管小艷秋與江帆在電影中皆扮演良母的角色，然而，被視為「影后」

的小艷秋相較於被定義為「紅艷歌星」的江帆，在廣告中訊息傳遞的效果上，更容易被視為「我國固有婦女道德守節寶鑑」的代表。於是，《雪梅思君》的廣告不僅僅在演員身份上，也在道德上區隔出小艷秋與江帆兩人在位階上的差異。

在一九五八年的《愛情與金錢》（王天林導演）中，小艷秋一人分飾賣藝姑娘與歌女。有趣的是，小艷秋扮演的歌女，似乎延續了《瘋女十八年》中的角色設定：歌女被富家少爺毒打與虐待，導致精神失常，最後遇害。[6] 小艷秋穿碎花服裝撥亂頭髮大腿以上正面面對鏡頭的劇照（圖七），佔了版面的四分之一。這張劇照可以有多種解讀方式，首先，撥亂頭髮的小艷秋為歌女精神失常的狀態。然而，雖然廣告題詞中寫上「受辱發瘋，香消玉殞」，然而，廣告詞卻是出現在另一張小艷秋與一演員拉扯的劇照上方，劇照和字體皆較小。圍繞著離亂髮小艷秋的劇照文字，為「本片是小艷秋從舞台搬上銀幕紅遍全省從影以來最高演技代表作」，以及「第一屆台語影展銀星獎首位影后 小艷秋 兼飾兩角 領銜主演」。於是，這張做為視覺重點的劇照，雖然應該是角色狀態，然而，小艷秋雙手向上撥亂頭髮的姿態，透露著作為演員的小艷秋她的魅力。不同於《瘋女十八年》廣告劇照中瘋女小艷秋的恐怖

圖七｜《阿蘭》、《愛情與金錢》報紙廣告
（《聯合報》1958／1／30，五版）

感，《愛情與金錢》中小艷秋的「瘋女」樣貌，卻介於瘋狂與奔放性感之間，難以明確定義。

有趣的是，廈語片《愛情與金錢》與台語片《阿蘭》在同一時期上映，於是出現兩部片的電影廣告並置在同一個版面中的有趣狀態（圖七）。可以發現，小艷秋在同時期的台語片與廈語片中，在身體呈現上的差異。不同《阿蘭》廣告中，小艷秋清純、溫柔，又神秘的形象，《愛情與金錢》廣告裡的小艷秋則正面展現身體曲線，手臂往上播弄頭髮，展現風姿綽約的樣貌。於是，《阿蘭》與《愛情與金錢》的電影廣告，一同塑造與建構小艷秋多重的銀幕與明星形象。

圖八｜《愛的誘惑》報紙廣告
（《聯合報》1958／2／27，五版）

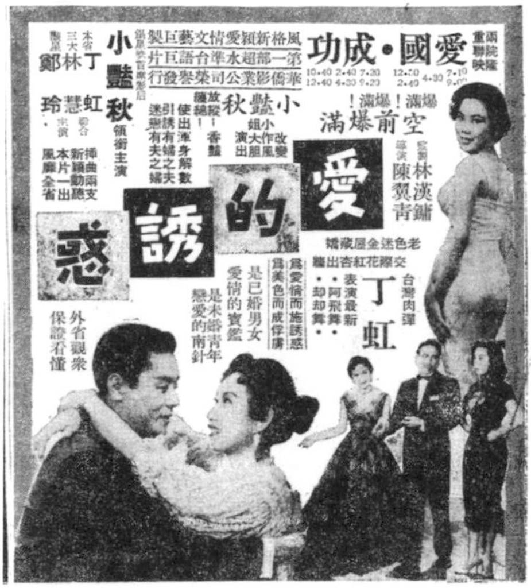

之後上映的廈語片《愛的誘惑》（陳翼青導演）於一九五八年二月二十七日《聯合報》的電影廣告中（圖八），更以小艷秋的「改變作風大胆演出」為號召。在一張位於版面下半部的劇照中，小艷秋雙手勾著男人的脖子，笑開地看著他。不同於台語片《火葬場奇案》電影廣告中那位依靠在男主角身上的憂愁女人，《愛的誘惑》廣告裡小艷秋神情與姿態，主動又自信。環繞著小艷秋的廣告題詞，直接的呈現出為了追求愛情以身體作為引誘的女性形象。例如：「使出渾身解數，引誘有婦之夫，迷戀有夫婦」、「為愛情而施誘惑，為美色而成俘虜」。有趣的是，一九五八年三月一日《聯合報》的廣告中（圖九），則打上「祇看小艷秋在本片內更換新裝數十套已值回票價」的文案。於是小艷秋在《愛的誘惑》的廣告裡，不僅被建構為一位「大胆」的影后，同時也是一位時尚模特兒。這裡的小艷秋，不再是台語片《瘋

圖九｜《愛的誘惑》報紙廣告（《聯合報》1958／3／1，五版）

女十八年》中被傳統家庭逼瘋的悲慘女性；也不是《火葬場奇案》最初受騙嫁錯人之後找到真愛卻遭牢獄之災的乖舛女性。《愛的誘惑》裡的小艷秋，在銀幕上突破傳統上對女性角色與女性身體的保守印象，演繹了願意用盡方法爭取愛情的現代女性。同時，小艷秋表演風格與角色設定的轉變，也傳達了小艷秋作為演員，其進步與開放的特質。以下將分析《愛的誘惑》裡小艷秋的角色設定，闡述本片塑造了何種新女性的想像。

新廈語片《愛的誘惑》：新小艷秋，新女性想像

本片講述馬老太太和她的媳婦與孫子從澳門來到香港，而在菲律賓工作的馬先生也因工作到了香港，準備與母親與妻子會合。然而，馬老太太和媳婦卻在香港遇搶，並丟

失了馬先生的聯絡方式。身無分文，三人必須離開原本與馬先生相約碰面的飯店，尋找便宜的棲身之處。馬太太雖然有留下字條請服務生轉交給之後將來的馬先生，但因為三人拖欠房款，服務生嫌他們沒錢就將字條丟棄。三人於是在一破落的街區落腳，一邊找工作維生，一邊繼續試圖尋找馬先生。而馬先生到了香港後，遍尋不著他的家人。一日，馬先生來到一富商所舉辦的派對，認識了富商的情婦愛娜（小艷秋飾）。愛娜對馬先生一見鍾情，之後不斷主動邀約馬先生。在一個暴雨之夜，愛娜在家中請馬先生吃飯，馬先生最終抵擋不住愛娜的引誘，兩人陷入愛河。之後，馬太太意外進入愛娜家成為幫傭。最後，馬先生一家人在愛娜家重逢，雖然愛娜不斷挽留，馬先生還是決定離開愛娜，與母親、妻兒一同離去。

《番客嬸海外尋夫》在台灣上映時，片名改成《愛的誘惑》，這樣的更動反映出台灣與其他廈語片市場的差異。原片名中的「番客」，意為旅居海外的華人。以故事來看，片名中的「海外」，指的是香港，或許有可能包括澳門。我們無從得知馬老太太一行人從澳門到香港前人在哪裡，不過當時澳門與香港分屬葡萄牙與英國，或許可以推測，馬老太太一家來自港、澳以外的地區。無論如何，「番客」與「海外」

這兩個詞，為廈語片中常見的背景與角色設定。Jeremy Taylor 指出香港與東南亞區域間的往來與旅行常見於廈語片中。整體而言，廈語片將香港建構為海外福建華僑回歸、落腳，或是發達之地。[7] 容世誠也指出閩南族群、遷徙，與地方意識為廈語片重要的主題。他以《桃花鄉》（陳翼青、陳列導演，1957年）為例，認為片中「香港島」一日遊片段取景於香港北角的小福建社區，提示出此地方具有連結閩南族群與家鄉的意義。[8] 容認為香港廈語片體現了閩南族群在香港地方落腳與生活的過程與現狀，而片中使用的歌曲則撫慰了「南洋福建僑胞的鄉愁鬱悶」。[9]

然而，從片名的更動，可以推論 Taylor 與容對廈語片的論述框架或許無法完全套用在台灣市場上。一方面，台灣的移民與殖民歷史與香港或南洋華僑有所差異。另一方面，在政治上，國民黨意識形態上推動著中華民國／台灣為海外華僑的「故鄉」。於是，香港作為福建華僑的回歸之地這樣的論述，無法適用在台灣的歷史與政治脈絡上。而當代台語電影明星論述建構中的香港，以報紙來看，關於台語片演員到香港拍片的新聞，除了偶爾出現影星愛國的聲明，多為他們在現代香港的見聞與經驗，以及香港經驗對他們產生的影響與改變。[10] 於是，香港在台灣社會與在東南亞閩南移民社區的想像中，尤其在香港作為故鄉的投射上，應有所差異。而在台語片影星小艷秋明星研究上，香港現代性或能作為重要的分析切入點。

Taylor 指出，一九五六年到一九五七年間，逐漸出現了「新廈語片」。不同於過去以戲曲、歷史劇，或是傳說為主的傳統風格與類型，這期間開始出現以現代香港城市生活為主要背景的廈語片。新類型出現的同時，也出現新類型的演員，其中包括台語片演員，例如：小艷秋、白虹，與白蘭。[11] 之前所分析的小艷秋廈語片電影廣告的部分，也可以看出廈語片在主題、風格，與類型上的轉變：從一九五七年的《亂氏姐妹花》與《雪梅思君》到一九五八年的《愛情與金錢》與《愛的誘惑》。從廣告文案上，可以看出新廈語片的出現，帶出了新的角色和表演風格，於是出現新小艷秋和她的「改變作風大胆演出」。新女性角色設定與新表演風格，同時暗示的是新的女性想像（the new imagining of women）的出現。以下將分析小艷秋在《愛的誘惑》中的角色設定，探討本片建構了何種新女性想像，以及小艷秋透過到香港拍片，成為了何種女性與女演員。

《愛的誘惑》中，香港被呈現為一個高度發展的資本主義現代城市，它的社會與經濟型態，提供了城市裡的人各種機會，無論是找到工作、愛情，甚至是金錢的可能，但同時也吸引著人們陷入各種慾望的泥淖。小艷秋飾演的愛娜，呈現了一位女性，來到香港將自我商品化，以追求未來精神（愛情）與物質生活自由的經歷，以及她內在掙扎的狀態。也可以說，愛娜這個角色體現了香港現代性中的女性自我意識轉變與建構過程中的矛盾。

首先，愛娜雖然為了錢嫁給一位老富商，然而，愛娜的物質與精神生活卻無法達成協調，而愛娜有清楚意識到這樣的內在狀態。以下為愛娜向老富商要生日禮物後，她回到房間，坐在梳妝台前，看著鏡子——旁邊放著愛娜的大頭照——說出的一段話：「你這個老頭，你以為我是嫁給你，我是嫁給錢」，語畢親支票。有趣的是，雖然愛娜自我商品化，然而，在這一幕中，被「物化」的是富商，他成為一張支票，並且被愛娜拿在手上。而這個景框中出現的三個愛娜——坐在梳妝台前的、鏡子中的，以及照片裡的——再現了愛娜自我認同的複雜性與多重性：自我、幻象中的自我，以及他人眼中的愛娜。然而，愛娜自我認同的形成也產生於愛娜多種形象之間的辯證。於是，這樣的構圖，呈現出愛娜並非只是被物化的女性，而是一位在多種自我意象之間不斷游移的女性主體。而之後愛娜與朋友的對話，更展現了愛娜掙扎的狀態，以及她對物質與精神滿足的理解。

愛娜：「雖然有錢，能給我物質上的享受，但是我精神的痛苦，有誰知道。」
友人：「你不要急，趁時間，多揩一些。」
愛娜：「沒錯，趁機會多揩一些，再來找一個理想的對象，再來去南洋。」

很明顯的，愛娜仍舊對精神／愛情生活有所追求，然而，物質為未來理想生活的基礎。可以看出，愛娜完全不同於傳統規範中建構的被動的女性樣貌，並以自己的身體（穿著打扮或是肢體動作），去獲取金錢與愛情。

《愛的誘惑》裡，愛娜被呈現為有著清楚的自我意識以及能動性的女性。而愛娜現代的女性樣貌，不僅由愛娜的角色形塑所建構，同時被馬母三人以及馬先生的角色設定不斷地強化。馬母三人來到香港是為了和馬先生團聚，而在香港街頭流落時，唯一的目標也是找馬先生。不同於愛娜主動追求金錢或愛情過程中所展現的積極性與活力，馬母三人的故事線以悲慘的命運為主要設定。可以看見，馬母三人的敘事推進，皆為外力所驅動，無論是馬先生或是香港的現實環境。在服裝上，愛娜從新式花樣旗袍、西式蓬蓬裙小禮服，到絲質睡衣，透過外在衣著的多樣化，提示了愛娜對自我身體的掌控以及對自我認知自由的想像。而馬母三人，則身著素色旗袍，或傳統女性長袖長褲的服裝類型，暗示了馬母三人停滯與保守的狀態。

交叉剪接的使用也戲劇化愛娜與馬母三人在道德、階級、能動性上的二元對立。一日，颱風襲擊香港，馬母三人在搖搖欲墜的家中無助的等著風雨離去。而下一場戲則為愛娜邀請馬先生到家中吃飯，過程中愛娜不斷透過為馬先生倒酒、請馬先生替自己點煙，或是在馬先生面前換衣服的動作引誘馬先生。雖然這樣的剪接手法或許是為了強調愛娜與馬先生的墮落，以及馬母三人的忍受艱苦的節操，然而愛娜與馬母三人在視覺與敘事上強烈的對比，卻產生弔詭的作用。當場景從風雨飄搖的馬母三人家中轉換到愛娜家中時，愛娜不僅推動了故事發展的轉變，同時，愛娜家中的這場戲也提供了視覺快感。這種愉悅不完全來自於物化女性的陽剛注視，更來自於看見愛娜主動接近馬先生時，愛娜的自信與馬先生的畏縮到最後屈服，觀者所感受的驚異與興奮。於是，敘事中刻意建構的二元對立幾乎失衡，愛娜佔據了視覺的前景，馬母三人所代表的價值被推到邊緣。

最後，馬先生與馬母三人在愛娜家中團聚的戲，也呈現了馬先生的被動，以及傳統家庭價值的表面性。在這電影中最後一場戲裡，馬母三人以及老富商發現了愛娜與馬先生的戀情，儘管愛娜終於知道馬先生為有婦之夫，愛娜仍舊毫不猶豫地希望能和馬先生在一起。這時，馬母要求馬先生和自己回去，而馬太太則在馬母旁哭泣。馬先生於是和母親與妻兒一同離開。老富商則要求愛娜在愛情與金錢做出選擇，愛娜選擇愛情，跑出房子試圖追上馬先生，然而，愛娜被豪宅的柵欄擋住，淚眼看馬先生與家人離去。這之間，馬先生往愛娜方向回頭了兩次，但仍表情哀傷的和家人繼續往前走。電影在這裡結束，雖然這看似監獄般的豪宅柵欄呈現著被資本主義困住的愛娜，然而，這場戲也提示出傳統家庭價值的束縛與偽善。雖然馬家人一家團圓，但馬先生猶豫與哀傷的樣貌，馬母強勢的態度，以及馬太太哭泣著等著馬母為自己作主，暗示著這場團園是被家長式傳統（paternalism）所推動的。也就是說，這場團圓，在敘事的呈現上，是被動式的被達成的，親情上的連結是以禮教而非情感所建構的。而愛娜和馬先生之間，卻似乎存在著更為真實的關係。於是，看似完滿的一家團員結局，卻變成一個虛有其表的儀式。

結論

拍完《愛情與金錢》與《愛的誘惑》後，小艷秋搭機返台，接受媒體的訪問。報導寫道：

「小艷秋小姐下機時穿著一席米色的長大衣，紅色帶帽，紅手套，紅皮包，再加上一條迎風飄展的白底紅點圍巾，風姿綽約，歡迎的人群有人說：小艷秋變了。確實，這次再度赴港拍片歸來的她，一顰一笑。都已經有相當尺度。……離開台灣赴香港拍片已有三個月的時間。這次歸來在機場迎接的家屬都說她『胖了！』假使讀者健忘的話，小艷秋小姐給我們的印象似乎是林黛玉般的病態美人，而現在卻相當豐滿，也益增嫵媚。」12

小豔秋從看似柔弱的病態印象，成為一位健康有自信的美人。這樣的轉變，呼應了小豔秋從台語片到新廈語片銀幕形象的轉片。從《瘋女十八年》裡的傳統苦命女人，到《愛的誘惑》裡風姿綽約、拜金，為愛勇往直前的現代女子。小豔秋的香港拍片經驗，她所飾演的角色，在新聞報導與電影廣告的呈現上，成為小豔秋明星形象的一部份。小豔秋不僅僅在廈語片的銀幕上扮演著現代女性，報導中的小豔秋，她的儀容、舉止，與神態，似乎也逐漸將小豔秋塑造為一個新小豔秋，更摩登，更國際，更現代。

1 〈厭倦銀河生涯，紅星小艷秋人海覓情郎〉，《聯合報》，1958 年 12 月 3 日，第三版。

2 〈91 亂世姐妹花〉，《香港廈語電影訪蹤》，香港：香港電影資料館，2012，頁 227。

3 蒼天，〈游娟話終身大事〉，《影劇周報》，第七十一期，1959 年 12 月 5 日，第 9 頁。

4 蒼天，〈柯玉霞兩度放棄香港之行〉，《影劇周報》，第三十四期，1958 年 11 月 15 日，第 7 頁。

5 〈95 商輅斬文禧（又名：雪梅思君〔台／新〕）〉，香港：香港電影資料館，2012，頁 228。

6 〈106 愛情與金錢〉，《香港廈語電影訪蹤》，香港：香港電影資料館，2012，頁 231。

7 Jeremy Taylor, *Rethinking Transnational Chinese Cinemas: The Amoy-dialect film industry in Cold War Asia*,New York: Routledge,2011, 頁 86.

8 容世誠，〈告別桃花鄉，步向英皇道：香港廈語片的地理表述〉，《香港廈語電 影訪蹤》，香港：香港電影資料館，2012，頁 85-86。

9 同上，頁 86。

10 關於台語明星「香港熱」的討論，請參閱，梁碧茹，〈1950 年代末至 1960 年 代初的臺語片明星現象：「明星夢」與「香港熱」之探討〉，《藝術學研究》，第 23 期，頁 9-49。

11 Taylor, "The 'new' Amoy-dialect films",*Rethinking Transnational Chinese Cinemas*, 頁 68-93。

12 〈小艷秋翩然歸寶島〉，《徵信新聞》，1958 年 1 月 4 日，第三版。

附錄二

小艷秋電影作品台灣上映年表

整理製表　何思瑩、林姵菁

一九五六年——

十月《桃花過渡》

出品：香港中國聯合影片公司（聯合報廣告）、大同（上映總目）

攝製：大同影業公司

發行：大同

語言：台語

監製：鄭錦文

製片：杜雲之

攝製：大同

導演：郭柏霖

編劇：郭柏霖

演員：小艷秋、月華桂（即戽斗寶桂）、海棠粉、周炳煌、金炎

一九五七年——

一月《瘋女十八年》

出品：聯合

發行：大同

語言：台語

導演：白克

編劇：白克

拍攝：台灣電影製片廠

演員：小艷秋、邱清光、鍾瑛、謝愛金、楊渭溪、陳月嬌、李麗麗

八月《亂世姊妹花》（又名：姊妹花）

出品：閩聲

語言：廈語

監製：吳源祥

製片：施振華、吳金生

導演：陳煥文

編劇：袁秋楓

演員：江帆、小艷秋、黃英、胡同、王清河、黎明、金波

十月《雪梅思君》

出品：閩聲

語言：廈語

監製：吳源祥

導演：陳煥文

演員：江帆、小艷秋、小娟（凌波）、胡同、王清河、黎明、瑪莉

十月《海邊風》
出品：高和（上映總目）、明星（第一屆台語片影展特刊、影劇週刊廣告）
發行：明星（聯合報廣告）
語言：台語
監製：翁連發
製片：林啟東
導演：田琛
編劇：金德璋
攝影：方壯猷
攝影助理：賴成英、林文錦
演員：小艷秋、田清、鍾瑛、汪萍、陳茵、金炎、黃溪圳

十二月《火葬場奇案》
出品：萬安
發行：萬安
語言：台語
監製：高憲安
演員：小艷秋、陳揚、靜江月、吳非宋、白虹、武拉運、李水生、燕玲、文琴

一九五八年

一月《阿蘭》
出品：高和、長河
發行：明星
語言：台語
監製：郭鎮華

導演：岩澤庸德
原作：吳非宋
編劇：嚴庸
演員：小艷秋、石軍、鍾瑛、游娟、方紫、江繡雲

一月《愛情與金錢》（又名：江湖奇女子）
出品：僑聯
發行：華僑（台灣）
語言：廈語
監製：林漢鏞
導演：王天林
原著：張恨水《啼笑因緣》
演員：小艷秋、黃英、王清河、胡同、黎明、丁虹、林慧、鄭玲

二月《愛的誘惑》（又名：番客嬸海外尋夫）
出品：僑聯
發行：華僑
語言：廈語
監製：林漢鏞、吳文芳
導演：陳翼青
編劇：劉傑
演員：小艷秋、黃英、王清河、如玉、丁虹、林慧

六月《明知失戀真艱苦》
出品：華安
發行：萬安
語言：台語
導演：梁哲夫、孫俠

編劇：慕容鍾（即蕭銅）

演員：小艷秋、何玉華、陳揚、文琴、黃志青、矮仔財、靜江月、康明、楊月帆、陳月眉、武拉運

八月《鬼戀》（又名：人鬼戀）

出品：僑聯影業公司

發行：華僑電影公司

語言：廈語

導演：陳翼青

演員：小艷秋、黃英、王清河、胡同、黎明、陳列、丁虹、林慧、鄭玲

一九五九年

一月《合歡山上》

出品：中國電影製片廠

攝製：華僑、中製廠

語言：國語

監製：楊新國、林漢鏞

製片：楊復

導演：潘壘

編劇：潘壘

攝製顧問：莊國鈞

攝影指導：陳繼光

攝影：蔣超、范金玉

演員：小艷秋、周經武、錢蓉蓉、武家騏、文玲、吳迪、閔敏、白擔夫、原森、

金超白、何小靈

十二月《羅小虎與玉嬌龍》

出品：金馬
發行：自立（聯合報廣告）、金馬（送檢片目）
語言：台語
導演：梁哲夫
編劇：黃志青
監製：張士芳
製片：陸有慶
攝影：陳喜樂
演員：小艷秋、何玉華、黃志青、張麗娜、江繡雲、戽斗、矮仔財、文琴、于鳳、林翠華、陳揚、楊長江

一九六〇年——

二月《秋怨》

出品：明電
導演：田琛
編劇：梁哲夫
演員：小艷秋、東方明珠、田清、洪明麗、何玉華、朱玉郎、天砲枝、楊月帆、矮仔財、戽斗

三月《羅小虎與玉嬌龍》完結篇

出品：金馬
語言：台語
導演：梁哲夫
編劇：黃志青

監製：張士芳

演員：小艷秋、何玉華、黃志青、張麗娜、江繡雲、戽斗、矮仔財、文琴、陳揚、楊渭溪、邱清光

備註：

《中華民國電影上映總目》（梁良，1984）簡稱上映總目

《台灣送檢影片暨短片片目》（盧非易，1994）簡稱送檢片目

雙囍藝術 01

台語片第一女主角：小艷秋回憶錄

口述　小艷秋

作者　何思瑩
策劃主編　林文淇
編輯協力　林姵菁
策劃執行　國立中央大學電影文化研究室
責編　廖祿存
企畫　許凱棣
美術設計　朱疋

總編輯　簡欣彥
社長　郭重興
發行人兼
出版總監　曾大福
出版　遠足文化事業股份有限公司 雙囍出版
地址　231 新北市新店區民權路 108-2 號 9 樓
電話　02-22181417
傳真　02-22188057
Email　service@bookrep.com.tw
郵撥帳號　19504465
客服專線　0800-221-029
網址　http://www.bookrep.com.tw
法律顧問　華洋法律事務所　蘇文生律師
印製　韋懋實業有限公司
初版 1 刷　2021 年 12 月
定價　新臺幣 360 元
ISBN　978-986-06355-6-0

贊助單位：文化部 MINISTRY OF CULTURE

感謝簡秀綢女士提供本書照片

國家圖書館出版品預行編目（CIP）資料

台語片第一女主角：小艷秋回憶錄／口述 小艷秋；作者 何思瑩；策劃主編 林文淇 .-- 初版 .-- 新北市：遠足文化事業股份有限公司雙囍出版，2021.12
面；　公分 .--（雙囍藝術；1）
ISBN 978-986-06355-6-0（平裝）
1. 小艷秋 2. 演員 3. 回憶錄 4. 臺灣
783.3886　　110019039